UNIVERSITÉ DE PARIS. — FACULTÉ DE DROIT

ÉTUDE

SUR LES

CLÔTURES DES CHEMINS DE FER

THÈSE POUR LE DOCTORAT

Présentée et soutenue le mardi 31 octobre 1899, à 3 h. 1/2

PAR

Jules BALME du GARAY

JUGE SUPPLÉANT AU TRIBUNAL CIVIL D'ISSOIRE

PARIS

LIBRAIRIE DE LA CONSTRUCTION MODERNE

AULANIER et Cie, ÉDITEURS

13, RUE BONAPARTE, 13

1899

THÈSE

POUR LE DOCTORAT

UNIVERSITÉ DE PARIS. — FACULTÉ DE DROIT

ÉTUDE

SUR LES

CLÔTURES DES CHEMINS DE FER

THÈSE POUR LE DOCTORAT

L'ACTE PUBLIC SUR LES MATIÈRES CI-APRÈS

Sera soutenu le mardi 31 octobre 1899, à 3 h. 1/2

PAR

Jules BALME du GARAY

JUGE SUPPLÉANT AU TRIBUNAL CIVIL D'ISSOIRE

Président : M. WEISS.

Suffragants : { MM. CHÉNON, *professeur.*
GARÇON, *agrégé.*

PARIS

LIBRAIRIE DE LA CONSTRUCTION MODERNE

AULANIER et Cie, ÉDITEURS

13, RUE BONAPARTE, 13

—

1899

A MON PÈRE, A MA MÈRE

en témoignage d'affection et de reconnaissance.

A MA SŒUR

A MON ONCLE ANDRÉ DU GARAY

CONSEILLER A LA COUR D'APPEL DE RIOM
CHEVALIER DE LA LÉGION D'HONNEUR

A TOUS CEUX QUI ME SONT CHERS

INDEX BIBLIOGRAPHIQUE

Audiganne. — Les chemins d'aujourd'hui et dans cent ans.

Aucoc. — Conférences sur le Droit administratif, t. III.

Bauny de Recy. — Traité du domaine public.

Block. — Dictionnaire des lois administratives.

Carpentier et Maury. — Traité des chemins de fer.

Christophle et Auger. — Traité des travaux publics.

Cotelle. — Législation des chemins de fer.

Dalloz. — Code des lois administratives, t. III.

— Répertoire alphabétique de législation, de doctrine et de jurisprudence, *verbo*, voirie par chemin de fer.

— Supplément au répertoire alphabétique de législation et de jurisprudence, *verbo*, voirie par chemin de fer.

Ducrocq. — Cours de droit administratif.

Dufour. — Traité général de droit administratif appliqué.

Féraud-Giraud. — Régime légal des propriétés riveraines des chemins de fer.

— Des voies publiques et privées modifiées, détruites et créées par suite de l'exécution des chemins de fer.

Fuzier-Herman. — Répertoire général du droit français, *verbo*, chemin de fer.

Gand. — Traité de la police des chemins de fer.

Gazette du Palais. — Répertoire encyclopédique du droit français, *verbo*, voies ferrées.

Guillaumot. — Organisation des chemins de fer en France.

Jousselin. — Des servitudes d'utilité publique.

Laferrière. — La juridiction administrative.

Lamé-Fleury. — Code annoté des chemins de fer.

Lecerf. — Contraventions de chemins de fer.

Palaa. — Dictionnaire législatif et réglementaire des chemins de fer.

Perriquet. — Traité théorique et pratique des travaux publics.

Picard. — Traité des chemins de fer.

Rebel et Juge. — Traité théorique et pratique de la législation et de la jurisprudence des chemins de fer.

Répertoire alphabétique de M. Weiss, *verbo*, chemins de fer.

Vigouroux. — Législation et jurisprudence des chemins de fer.

ÉTUDE

SUR LES

CLÔTURES DE CHEMINS DE FER

INTRODUCTION

On a toujours considéré les chemins de fer « comme des routes perfectionnées, sur lesquelles on place, il est vrai, des rails destinés à recevoir des voitures spéciales, mais, qui n'en sont pas moins de véritables voies de terre établies pour le besoin de la circulation générale ».

Dans cet esprit, le législateur, dans la loi de 1845, véritable « charte des chemins de fer », leur a appliqué les règlements de grande voirie, mais, ces prescriptions édictées pour les routes étaient insuffisantes pour le nouveau mode de transport, dont les procédés, les éléments, la vitesse faisaient un moyen de communication exceptionnel.

En raison de la rapidité des convois et de l'extrême danger de déraillement, que le moindre obstacle placé sur la voie pouvait occasionner, des mesures spéciales

1

de sécurité s'imposaient, et entre elles, la clôture qui devait rendre la surveillance des voies ferrées plus facile et les actes d'imprudence et de malveillance moins à craindre.

La Chambre des Pairs comprit que cette prescription serait « le plus puissant moyen de conservation et de police » et la plaça en tête et comme au frontispice de la loi.

Cette obligation, atténuée dans la suite par plusieurs dispositions législatives, n'a pas laissé de soulever de grandes difficultés, que nous nous proposons d'étudier dans le cours de cette thèse. Nombreux sont les litiges qui s'élèvent entre les particuliers et les compagnies au sujet des clôtures.

Pour la facilité de notre tâche, nous avons divisé notre étude en cinq chapitres.

Chap. I. — Obligation et dispense de clore.

Chap. II. — Caractère de la clôture.

Chap. III. — Établissement, entretien de la clôture.

Chap. IV. — But poursuivi par l'établissement des clôtures et des barrières des passages à niveau.

Chap. V. — Contraventions concernant les clôtures.

Nous terminerons, et ceci fera l'objet d'un appendice, par un rapide exposé des législations étrangères.

CHAPITRE PREMIER

Obligation de clore la voie ; dispense.

SECTION I

OBLIGATION DE CLORE.

Sommaire. — Obligation de clore la voie. — Article 4 de la loi de 1845, discussion à la Chambre des Pairs. — Obligation générale s'appliquant sans indemnité à tous les chemins de fer, même à ceux construits antérieurement à la promulgation de la loi. — Ordonnance du 15 novembre 1846, cahier des charges. — Obligation impérative pour les compagnies.

La clôture des chemins de fer est une mesure très importante, elle défend toutes les dépendances de la voie contre les empiètements voisins, elle sert à déterminer d'une manière certaine les zônes riveraines et surtout prévient les accidents en empêchant les personnes et les animaux de s'introduire sur la voie, aussi fut-elle dès la création des chemins de fer imposée aux compagnies concessionnaires par leur cahier des charges.

Cette nécessité déjà sanctionnée par un grand nombre de législations étrangères parut si grande, au législateur de la loi du 21 juillet 1845, sur la police des chemins de fer, qu'il crut utile de lui donner le caractère d'un commandement législatif.

Dans le projet de loi présenté le 29 janvier 1844, à la Chambre des Pairs, il n'était pas question d'établir des clôtures pour les chemins de fer, c'est la commission de cette Chambre, qui jugea nécessaire d'édicter une disposition impérative à ce sujet, les motifs de cette addition aux articles du projet ont été nettement indiqués.

A la séance du 30 mars 1844, où il en a été parlé pour la première fois, M. le comte Daru s'exprimait ainsi :

« En Belgique les voies sont ouvertes à tout venant, chacun peut les franchir à son gré, à ses risques et périls. Cette facilité d'accès rend, on le conçoit, la surveillance plus difficile et les faits d'imprudence et de malveillance plus à craindre. En France, on est entré dans un système différent, on veut que les chemins soient clos, qu'on n'y puisse pénétrer par curiosité, imprudence ou malice ; on les isole réellement ; on ne se contente pas d'une pure abstraction, on veut une réalité, nous avons transformé en une obligation formelle et générale cette disposition jusqu'ici facultative du cahier des charges. C'est à nos yeux le plus puissant moyen de conservation et de police ; c'est une grande mesure d'ordre, aussi l'avons-nous placée en tête et comme au frontispice de notre loi » (1).

Ces explications sont répétées avec non moins de netteté et de fermeté par le rapporteur M. Persil : « La

(1) *Moniteur officiel*, 31 mars 1844.

commission a trouvé dans la clôture la plus grande
mesure de sûreté et de police qu'il fût permis de prendre, elle a reconnu que la plupart des accidents qui
arrivaient sur les chemins de fer étaient dus à ce que
ces chemins n'étaient pas clos. En Belgique, ils ne le
sont pas et les accidents proviennent en grande partie
de ce fait. De même sur le chemin de fer de St-Etienne,
le seul qui ne soit pas clos, les accidents sont venus de
la même cause. Cette connaissance des faits a déterminé la commission à demander en première ligne la
clôture des chemins de fer sur toute leur étendue » (1).

Dans l'exposé des motifs, présenté le 29 août 1844 à
la Chambre des Députés, le ministre des travaux publics formulait la même pensée :

« Tout chemin de fer doit être clos et séparé des propriétés riveraines, par des murs, haies ou poteaux avec
lisses, barrières ou par des fossés ; un chemin de fer
n'est pas une voie ordinaire, l'accès ne peut en être
permis qu'aux lieux de stationnement, sur tous les
autres points, il doit être sévèrement interdit. La précaution d'une clôture continue peut prévenir une foule
d'accidents » (2).

Tous les orateurs virent dans la clôture la plus
grande mesure de sûreté et de police, et comprirent
qu'il fallait généraliser cette précaution en la faisant
passer du cahier des charges où elle n'avait que l'auto-

(1) *Moniteur officiel*, 2 avril 1844.
(2) Duvergier, *Collection des lois*, année 1845, p. 280.

rité d'une stipulation particulière au rang des règles législatives. Ils furent unanimes à ce sujet.

Mais, il s'éleva des discussions sur le point de savoir, si les chemins, déjà construits et concédés avant la loi nouvelle, devaient être clos, alors même que cette obligation de la clôture n'aurait pas été insérée dans leur cahier des charges, et si on pouvait leur imposer cette mesure sans indemnité. MM. de Boissy et de Fontaine soutinrent, qu'en rendant cette obligation applicable aux compagnies déjà existantes, dont les statuts, agréés par l'Administration, ne contenaient pas de stipulation à cet égard, on violait le contrat et le principe de non-rétroactivité. Mais le ministre, le rapporteur, M. Persil et M. Teste n'hésitèrent pas à dire, que dans leur opinion, cette prescription s'appliquait aussi bien au passé qu'à l'avenir.

« La loi que nous faisons, a dit M. Persil, est une loi de police, une loi de sécurité générale. Or il est un principe constant qui n'a pas besoin d'être justifié, qui se sent plutôt qu'il ne se développe, que les lois frappent les citoyens dans l'état où ils se trouvent au moment où elles sont promulguées » (1).

Ce n'est qu'à cette condition, en effet, que les lois de police peuvent atteindre leur but. C'est souvent en vue d'un état de choses existant et qui ne doit pas continuer à subsister, qu'elles sont rendues. Il faut donc étendre leur effet sur le passé comme sur l'avenir.

_____

(1) Duvergier, *Collection des lois*, année 1845, p. 290.

Sur la question d'indemnité, le ministre des travaux publics soutint que l'obligation de la clôture était une servitude, imposée aux compagnies de chemins de fer, dans un but de sécurité publique et que les servitudes imposées à la propriété dans un intérêt général, et il n'y a pas d'intérêt plus général que la sécurité publique, ne pouvaient donner lieu à indemnité.

On comprend très bien, en effet, que si une indemnité était due à une compagnie à raison de l'obligation de se clore, que lui impose la loi nouvelle, on devrait en accorder également à tous les propriétaires riverains, auxquels cette même loi, dans un intérêt de sécurité, a imposé des servitudes auxquelles ils n'étaient pas naturellement assujettis. Or la règle générale est que le propriétaire n'a droit à aucune indemnité, c'est un pur sacrifice imposé aux particuliers dans un but d'intérêt général.

Toutefois, le Gouvernement pensa qu'il y avait des tempéraments à apporter dans l'exécution de la loi et que ce serait agir avec trop de rigueur, s'il fallait immédiatement et quelles que fussent les difficultés imposer la clôture à tous les chemins de fer existants ; aussi demanda-t-il la faculté d'accorder des délais aux concessionnaires.

La Chambre adhéra à l'opinion du ministre, et après avoir voté dans l'article 4 de la loi l'obligation de clore impérative pour tous les chemins de fer, elle a laissé dans un paragraphe additionnel, le soin à l'Administration de fixer l'époque à laquelle la clôture devra être effectuée, pour ceux des chemins de fer, qui jusque-là n'avaient pas été assujettis à cette obligation (1).

L'article 4 de la loi de 1845 ainsi amendé porte : « Tout chemin de fer sera clos des deux côtés et sur toute l'étendue de la voie. L'Administration déterminera pour chaque ligne, le mode de cette clôture, et pour ceux des chemins de fer qui n'y ont pas été assujettis, l'époque à laquelle elle devra être effectuée.

« Partout où les chemins de fer croiseront de niveau les routes de terre, des barrières seront établies et tenues fermées conformément aux règlements. »

Ces prescriptions ont été complétées comme il suit, pour les barrières, par l'article 4 de l'ordonnance du 15 novembre 1846, portant règlement sur la police, la sûreté et l'exploitation des chemins de fer :

« Partout où un chemin de fer est traversé à niveau, soit par une route à voitures, soit par un chemin destiné au passage des piétons, il sera établi des barrières. Le mode, la garde et les conditions de service des barrières seront réglés par le ministre des travaux publics, sur la proposition de la compagnie, pour assurer l'exécution de ces dispositions. »

Le cahier des charges de 1857-1859 qui régit encore les grandes compagnies reproduit les dispositions de l'article 4 dans des termes un peu différents.

(1) Duvergier, *Collection des lois*, année 1845, p. 291 ; Dalloz, *périodique*, 1845. 3.166 ; Rebel et Juge, *Traité de la législation des chemins de fer*.

ART. 13. — « Chaque passage à niveau sera muni de barrières ; il y sera en outre établi une maison de garde, toutes les fois que l'utilité en sera reconnue par l'Administration. La compagnie devra soumettre à l'approbation de l'Administration les projets-type de ces barrières. »

ART. 20. — « Le chemin de fer sera séparé des propriétés riveraines par des murs, haies, ou toute autre clôture dont le mode et la disposition seront autorisés par l'Administration, sur la proposition de la compagnie. »

Cette obligation de la clôture est impérative, les compagnies de chemins de fer ne peuvent s'y soustraire sous quelque prétexte que ce soit. L'Administration elle-même ne pouvait, sans commettre une illégalité flagrante, exonérer par une déclaration directe ou par un moyen indirect une voie de fer de la prescription de l'article 4 (1). Elle ne pouvait, sans sortir de ses pouvoirs, accorder la moindre dispense. Cet état de choses parut excessif au législateur, qui dans une série de lois a autorisé l'Administration à dispenser les compagnies de se clore dans certains cas déterminés (2).

(1) Nous verrons plus loin, p. 15, que l'Administration n'a pas toujours su rester dans la légalité, lorsqu'après le vote de la loi de 1865 qui permettait la dispense aux seuls chemins de fer d'intérêt local et industriels, elle a affranchi de l'obligation de la clôture des lignes classées dans le réseau général, en les assimilant aux chemins industriels.

(2) Rebel et Juge, *ouvrage précité*, n° 580 ; Gand, *Traité de la police des chemins de fer*, n° 82 ; Lacointa, *Note sous l'arrêt de la Cour de cassation du 29 août* 1882, Sirey, *périod.*, 83.1.129.

SECTION II

DISPENSE DE CLORE.

§ Ier. — *Dispense accordée aux chemins de fer d'intérêt local et industriels par la loi du 12 juillet 1865 abrogée par la loi du 11 juin
1880.*

LOI DU 12 JUILLET 1865.

Pendant de longues années, la nécessité des clôtures
ne fut pas contestée ; les lignes que l'on construisait à
cette époque devaient en effet comporter une circulation fort active, il était nécessaire de ne rien négliger
pour y assurer la sécurité des voyageurs, et il importait
peu d'ailleurs de charger leur compte de premier établissement d'une dépense relativement minime pro-
portionnellement à leur trafic et à leur rapport.

Mais au fur et à mesure que se développait le réseau,
les lignes nouvelles, qui venaient successivement s'y
ajouter, étaient de moins en moins productives. Il deve-
nait indispensable de rechercher des économies dans
la construction comme dans l'exploitation.

Cette nécessité apparut, lorsque le Gouvernement
voulut créer à côté du réseau d'intérêt général un réseau secondaire, dit d'intérêt local, destiné à relier les
localités entre elles et avec les grandes compagnies. Il
importait que ces lignes, construites et exploitées avec
les ressources modestes des départements et des communes, et dont le rapport devait être peu rémunéra-

teur, fussent construites avec la plus grande économie.

Dès 1861, le Gouvernement nommait une commission chargée d'étudier la construction et l'exploitation à bon marché des chemins de fer. Comme solution à la question posée par le ministre, la commission indiquait entr'autres moyens d'économie la suppression des clôtures.

Cette idée fut reproduite dans l'exposé des motifs de la loi du 12 juillet 1865 relative aux chemins de fer d'intérêt local et dans le rapport de M. Lehon.

On demanda alors la suppression des clôtures avec la même insistance avec laquelle on avait réclamé, lors du vote de la loi de 1845, la clôture des chemins de fer.

« Depuis longtemps déjà, disait l'exposé des motifs, ces prescriptions de la loi de 1845 relatives aux clôtures et aux barrières avaient paru à l'Administration trop générales et trop absolues », on pouvait facilement exonérer de cette dépense les lignes du nouveau réseau, comme cela se pratique à l'étranger : « en Allemagne, en Suisse, en Espagne, dans d'autres pays encore, les clôtures continues ne sont pas obligatoires et ne sont établies qu'exceptionnellement, et jusqu'ici cette tolérance ne paraît avoir présenté aucun inconvénient sérieux (1) ».

M. Lehon expliqua (2), que l'établissement d'une clô-

(1) Exposé des motifs, Duvergier, *Coll. des lois*, 1865, p. 293; *Moniteur officiel*, 30, 31 mai 1865.

(2) Rapport de M. Lehon, 1865, *Moniteur des 29 juin, 1ᵉʳ, 2 juillet 1865.

ture continue est très onéreuse pour une compagnie.

Un tableau, joint au *Recueil officiel* des documents statistiques de 1856, donne la dépense moyenne d'établissement des clôtures par kilomètre de voie : savoir 3.600 fr., pour les anciennes lignes et 1.500 francs pour celles récemment construites. La différence provient, sans doute, de ce que le chiffre 1500 ne comprend que les clôtures provisoires exigées au moment de l'ouverture de l'exploitation.

Les barrières des passages à niveau pèsent encore plus lourdement sur le budget des compagnies (1). Elles nécessitent la présence continuelle d'un gardien dont le traitement est d'environ 2.000 francs et pour lequel il faut construire une maisonnette.

L'honorable rapporteur démontra que la sécurité publique ne serait nullement compromise : la circulation sur les lignes d'intérêt local sera généralement peu active, elle se bornera ordinairement à trois ou quatre trains par jour dans chaque sens ; et si l'on impose aux mécaniciens l'obligation d'user du sifflet d'alarme, à une certaine distance de chaque passage, les passants seront suffisamment avertis pour pouvoir prendre leurs précautions ; d'un autre côté, le préfet, qui sera chargé d'accorder les dispenses, aura un pouvoir discrétionnaire

---

(1) D'après M. Palaa, on peut évaluer la dépense des barrières de passage à niveau de 2 vantaux de 600 à 800 francs suivant l'ouverture. Cette moyenne est peut-être un peu faible pour le prix des barrières roulantes en fer, prix qui s'est élevé sur divers chemins de fer à 900, 1000, 1.100 francs par passage.

pour apprécier, en ce qui concerne chaque ligne, les points, où il sera nécessaire d'établir des clôtures le long de la voie et des barrières au croisement des routes. Il lui appartiendra de concilier, dans une sage mesure, les intérêts d'une exploitation économique avec la sécurité du public et la sûreté du trafic.

La Chambre se rendit à ces raisons et vota l'article 4 qui porte que :

« Le préfet peut dispenser d'établir des clôtures sur tout ou partie des chemins, il peut également dispenser d'établir des barrières au croisement des chemins peu fréquentés. »

A côté du chemin de fer d'intérêt local, dont la création est abandonnée à l'initiative des départements et des communes, et qui sont construits à l'aide des ressources locales, il arrive souvent que des industriels ou des propriétaires de grandes exploitations agricoles réunissent leurs capitaux, à l'effet de construire des lignes secondaires destinées à faciliter le transport de leurs produits et à mettre la contrée, où sont situés leurs établissements, en communication avec les grandes lignes.

Ces chemins exercent la plus heureuse influence sur le développement de l'industrie, aussi le législateur, par l'article 8, leur déclara applicables les dispositions favorables de l'article 4.

C'était un grand avantage pour ces voies ferrées, nous venons de voir quelle lourde charge constituait pour les grandes compagnies l'établissement des clôtures. On pouvait sans danger, d'ailleurs, exonérer d'aussi graves dépenses les chemins de fer industriels, sur lesquels 2 ou 3 trains de marchandises circulent par jour et à très petite vitesse.

LOI DU 11 JUIN 1880.

La loi du 11 juin 1880 est venue remplacer la loi du 12 juillet 1865 et reproduit dans ses articles 20 et 22, sauf des modifications de rédaction, les dispositions des articles 4 et 8.

Ces prescriptions ont été rappelées dans les articles 13 et 20 du cahier des charges-type des chemins de fer d'intérêt local, avec addition d'une clause exigeant des justifications spéciales, pour la suppression des clôtures dans la traversée des lieux habités, dans les parties contiguës à des chemins publics, et sur onze mètres de longueur au moins de chaque côté des passages à niveau et des stations.

Signalons, en passant, une confusion souvent commise par les départements et relevée par le Conseil d'Etat dans les actes de concession des chemins de fer d'intérêt local. Dans plusieurs des conventions, sur lesquelles le Conseil a eu à émettre un avis depuis 1880, il avait été inséré des dispositions contractuelles relativement aux dispenses de clôture. La section des travaux publics et, après elle, l'assemblée générale ont fait remarquer qu'aux termes de la loi du 11 juin 1880, le préfet en accordant des dispenses de cette nature, agit en vertu de ses pouvoirs de police, en sa qualité de représentant de l'autorité, et non comme partie contractante et qu'il importe de ne point altérer le caractère de son rôle à cet égard, de ne point transformer en un engagement ce qui doit rester un acte de la puissance publique, et surtout de ne point rendre ainsi définitives des dispenses que l'expérience ou l'accroissement du trafic pourraient conduire à retirer plus tard.

§ II. — *Dispenses prévues par certains cahiers des charges postérieurs à 1865, pour certains chemins de fer d'intérêt général.*

Après le vote de la loi de 1865, le Gouvernement impérial pensa, qu'il était possible et sage de faire bénéficier des mêmes immunités que les chemins d'intérêt local certains chemins d'intérêt général sur lesquels le mouvement de la circulation devait avoir peu d'intensité, et qui n'avaient de chance d'avenir, qu'à la condition d'être construits avec la plus stricte économie.

Cependant, il ne procéda pas à cet égard par voie de mesure législative générale, et il se mit à insérer, soit dans le décret de concession, soit dans le cahier des charges de ces chemins, des dispositions relatives à la suppression éventuelle des clôtures et des barrières. C'est ainsi que le cahier des charges annexé au décret de concession du 30 août 1865, pour la ligne de Vitré à Fougères, portait : « Les passages à niveau pourront, en général, rester ouverts. Néanmoins il sera établi des barrières et des guérites à ceux des passages qui donneraient lieu à une grande fréquentation, le concessionnaire entendu. L'Administration pourra dispenser le concessionnaire de poser des clôtures sur tout ou partie du chemin.

Le cahier des charges de la ligne de Vassy à Saint-Dizier contenait les mêmes clauses, et le décret de concession du 23 décembre 1865, assimilant cette ligne aux chemins de fer industriels visés par l'article 8 de la loi organique du 12 juillet 1865, lui déclarait applicables les dispositions de l'article 4 de cette loi.

Cette assimilation, établie explicitement ou implicitement entre des lignes secondaires ne devant avoir qu'un faible trajet, mais restant néanmoins classées dans le réseau général, était une violation manifeste des dispositions formelles et impératives de l'article 4 de la loi de 1845, dont l'Administration ne pouvait soit directement, soit indirectement, exonérer une compagnie, sans commettre une illégalité. C'était là un artifice destiné à tourner la loi de 1845, et qu'un Gouvernement, tenu à la respecter, n'aurait pas dû employer.

Aussi les mesures, que nous venons de rappeler, restèrent-elles peu nombreuses.

Lors de la discussion de la loi du 18 juillet 1868, relative à la construction de diverses lignes non concédées, un amendement fut présenté, pour introduire dans cette loi, un article autorisant les projets, soit à dispenser d'établir des barrières sur les passages à niveau des

chemins vicinaux ou ruraux peu fréquentés, soit à to-
lérer des barrières manœuvrées par les passants ; mais
cette proposition fut repoussée.

Après 1870, l'Assemblée nationale modifia à son tour
le cahier des charges qui lui était soumis pour la ligne
de Besançon à Morteau (loi du 23 mars 1874) et restrei-
gnit l'obligation de clore : 1° à la traversée des lieux habités ; 2° à une zone de cinquante mètres de longueur au
moins de chaque côté des passages à niveau ou des stations ; 3° aux parties où l'Administration le jugerait utile.
Une stipulation identique prit place dans d'autres
cahiers des charges ultérieurs (Bourges à Gien, loi du
17 juin 1874 ; Tours à Montluçon, loi du 24 mars 1874 ;
Cambrai à Douai et Aubigny à Somain, loi du 6 juillet
1875 ; Alais au Rhône, loi du 4 décembre 1875).

Des stipulations analogues étaient insérées dans les
actes de concession des chemins de fer algériens. C'est
ainsi, par exemple, qu'aux termes du cahier des charges
annexé à la loi du 26 mars 1877, pour la compagnie de
Bone-Guelma : « Les passages à niveau les plus fréquentés devaient être munis de barrières lisses ou de chaînes
et de maisons de garde ou de guérites, lorsque cette
mesure serait reconnue indispensable par l'Administration » et que « ce concessionnaire était autorisé à ne
point établir de clôtures ni de haies, sauf dans les parties de la ligne où cette mesure serait indispensable,
notamment dans la traversée ou dans le voisinage des
lieux habités ». Il en était de même des cahiers des

charges joints à la loi du 15 décembre 1875 pour l'Est-Algérien et au décret du 27 avril 1874 pour la compagnie Franco-Algérienne.

§ III. — *Dispense accordée aux chemins de fer d'intérêt général, par la loi du 27 décembre 1880 abrogée par la loi du 26 mars 1897.*

LOI DU 27 DÉCEMBRE 1880.

Nous avons vu dans la section précédente que sauf pour les chemins d'intérêt local, le législateur avait continué même après 1870 à procéder par des dispositions d'espèce.

Le 27 avril 1880, M. Varroy, ministre des travaux publics, présenta à la Chambre des Députés un projet de loi (1), aux termes duquel il était autorisé :

« Par dérogation à l'article 4 de la loi du 15 juillet 1845, pour tout ou partie des chemins de fer d'intérêt général en construction ou à construire et des lignes d'intérêt local incorporées ou à incorporer au réseau d'intérêt général, à dispenser de poser des clôtures fixes le long de la voie et des barrières mobiles à la traversée des routes de terre, toutes les fois que cette mesure lui paraîtrait compatible avec la sûreté de l'exploitation et la sécurité du public ».

Les dispenses accordées dans ces conditions n'avaient qu'un caractère provisoire. A la différence de la loi de 1865, c'était le ministre et non le préfet qui

(1) *Journal officiel* du 6 mai 1880, n° 2544, p. 12904.

conservait le droit de prescrire, à toute époque et lorsqu'il le reconnaîtrait nécessaire, l'établissement de
clôtures fixes ou de barrières mobiles sur tout ou partie des lignes ci-dessus désignées.

Ces propositions étaient parfaitement justifiées :
d'une part il n'y avait aucun inconvénient à placer dans
la même situation que les chemins de fer d'intérêt local,
au point de vue des clôtures, un assez grand nombre de
lignes nouvelles, qui ne devaient être construites qu'à
une voie et dont l'exploitation ne devait comporter, au
moins au début, que des trains peu nombreux. Quant
aux lignes d'intérêt local, classées ou à classer dans le
réseau général, il ne fallait pas que cette transformation
entraînât nécessairement avec elle l'obligation de se
clore. Le seul fait du classement ne justifiait nullement
l'établissement de barrières, qui n'avaient pas été reconnues nécessaires jusque-là (1).

Le projet de loi fut adopté par les deux Chambres
(Loi du 27 décembre 1880).

Nous insistons sur ce fait, que les chemins, construits
à titre d'intérêt général et livrés à l'exploitation avant
la fin de 1880, ne bénéficiaient pas des dispositions de la
loi. On avait bien soulevé dans le sein de la commission
du Sénat la question de savoir, s'il ne convenait pas
d'étendre à ces lignes le bénéfice de la loi de 1880, mais
il fut répondu, qu'une pareille exemption constituerait

(1) Rapport de M. Cuvinot au Sénat, *Journal officiel* du 27 décembre 1880, n° 691, p. 12904.

une dérogation aux cahiers des charges, qui régissaient les rapports de l'État avec les grandes compagnies, et que, sans doute, le moment n'était pas éloigné où ces cahiers des charges deviendraient l'objet d'une révision, et qu'il était préférable de reporter à cette époque la modification relative aux clôtures.

Loi du 26 mars 1897.

C'est en 1896 seulement qu'un projet de loi fut déposé par M. Guyot-Dessaigne, ministre des travaux publics, projet destiné à unifier la législation sur la clôture des chemins de fer d'intérêt général (1).

En présence des charges toujours croissantes que la garantie d'intérêt faisait peser sur le Trésor, le Gouvernement, préoccupé de la nécessité de rechercher toutes les économies compatibles avec la sécurité de l'exploitation, pensa qu'il y aurait avantage à étendre le bénéfice de la dispense aux lignes exclues des dispositions de la loi de 1880, c'est-à-dire aux lignes d'intérêt général construites avant la promulgation de cette loi.

La question fut d'abord soumise au Conseil général des ponts et chaussées. Cette assemblée, dans sa séance du 19 juillet 1894, émit l'avis, qu'une nouvelle disposition législative pourrait, sans inconvénient pour la sécurité publique, étendre à l'ensemble du réseau d'intérêt général l'exemption de clôtures continues, sauf

---

(1) Exposé des motifs, 1896, Sénat, *annexes*, p. 221 ; Rapport de M. Chavoix : Chambre, *annexes*, n° 2202, p. 133.

exception des lignes parcourues par des trains rapides ou soumises à des sujétions particulières.

A la suite de cet avis et sur dépêche ministérielle du 16 août 1894, les inspecteurs généraux du contrôle firent dresser d'accord avec les compagnies la liste des lignes ou sections de lignes sur lesquelles la pose ou le maintien des clôtures pouvait être considéré comme inutile. D'après les états fournis, et en tenant compte d'une déduction d'un tiers environ pour les clôtures à maintenir aux abords des passages à niveau le long des stations, des chemins latéraux, à la traversée des lieux habités, on arrive à un total de 22.462 kilomètres de clôtures pouvant être supprimées. L'entretien moyen kilométrique ayant été évalué par le contrôle à 30 francs, on atteignait une économie éventuelle de plus de 600.000 francs par an.

Dans sa séance du 9 mai 1895, le Conseil général des ponts et chaussées, saisi des conclusions que nous venons de résumer, donna son adhésion à la suppression des clôtures désignées, sous les réserves suivantes :

Des clôtures fixes seront maintenues :

1° Sur toute la longueur des stations entre les extrémités des voies de garage ou d'évitement posées ou à poser ultérieurement ;

2° A chaque halte sur une longueur suffisante pour couvrir les trottoirs ;

3° Dans la traversée des lieux habités ;

4° Sur une longueur de 20 mètres au moins de part et d'autre des poteaux, des barrières ou des limites de la voie de terre traversée, et de chaque côté des chemins de fer aux abords des passages à niveau de quelque nature qu'ils soient ;

5° A la crête des talus de déblais longeant des chemins publics, lorsque la hauteur des tranchées, mesurée verticalement sera égale ou supérieure à un mètre, ou que la circulation sur le chemin ne sera pas protégée par une banquette.

Saisi à son tour de la question, le Conseil d'État dans sa séance du 30 janvier 1896 demanda l'insertion dans la loi des réserves que nous venons d'énumérer. Il jugea, en outre, nécessaire de faire précéder la décision ministérielle relative à la suppression des clôtures d'une instruction dans laquelle seraient recueillies les observations des intéressés, c'est-à-dire d'une part de l'administration exploitante, et d'autre part du public représenté par le préfet et le Conseil général du département traversé ; le Conseil général des ponts et chaussées donnerait aussi son avis. Pour les chemins à construire, et dont les projets n'auraient pas encore fait l'objet d'une enquête d'utilité publique, en vertu des ordonnances du 12 février 1834 ou du 15 février 1835, l'enquête tiendrait lieu de cette instruction, on y mentionnerait la dispense de clôtures ou de barrières, si l'Administration avait l'intention de l'accorder.

Ces différentes additions introduites par le Conseil

d'État font l'objet des articles 2 et 3 de la loi, les articles 1 et 4 reproduisent presque en termes identiques les dispositions de la loi du 27 décembre 1880, en supprimant les exceptions anciennes, ce qui rendait inutile le maintien de la loi antérieure.

En résumé, les dispositions du projet de loi ont reçu l'adhésion des compagnies de chemins de fer, du Conseil général des ponts et chaussées et du Conseil d'État. Conçues de manière à sauvegarder l'intérêt public, elles procuraient un grand avantage pour les finances de l'État, elles ne pouvaient donc que trouver l'accueil le plus favorable auprès de nos pouvoirs législatifs, qui les ont successivement adoptées, le Sénat le 19 novembre 1896 et la Chambre des Députés le 18 mars 1897.

La loi promulguée le 26 mars est ainsi conçue :

« Art. 1er. — Par dérogation à l'article 4 de la loi du 15 juillet 1845 sur la police des chemins de fer, le ministre des travaux publics peut, sur tout ou partie des chemins de fer d'intérêt général, dispenser d'établir ou de maintenir des clôtures fixes le long des voies ferrées et des barrières mobiles à la traversée des routes de terre peu fréquentées, toutes les fois que cette mesure lui paraît compatible avec la sûreté de l'exploitation et la sécurité du public.

Art. 2. — La dispense de clôtures ne peut pas être accordée :

1° Sur les lignes ou sections de lignes où circulent plus de trois trains en une heure ;

2° Dans la traversée des lieux habités ;

3° Dans les parties contiguës à des chemins publics, lorsque la voie ferrée est en déblai, à niveau ou en remblai de moins de 2 mètres ;

4° Sur 50 mètres de longueur au moins de chaque côté des passages à niveau ;

5° Aux abords des stations, haltes ou arrêts.

ART. 3. — Pour les chemins de fer, dont les projets n'ont pas encore fait l'objet d'une enquête d'utilité publique en vertu des ordonnances du 18 février 1834 ou du 15 février 1835, si le ministre se propose d'accorder des dispenses de clôtures ou de barrières, mention en est faite dans les pièces de l'enquête.

Pour les chemins déjà construits ou qui ont déjà fait l'objet d'une enquête d'utilité publique, la décision ministérielle n'est rendue qu'après une instruction dans laquelle l'administration exploitante, le préfet et le Conseil général du département traversé, ainsi que le Conseil général des ponts et chaussées, sont appelés à donner leur avis.

ART. 4. — Les dispenses accordées n'ont qu'un caractère provisoire, le ministre des travaux publics conservant le droit de prescrire, à toute époque et lorsqu'il le reconnaît nécessaire, l'établissement ou le rétablissement de clôtures fixes et de barrières mobiles sur toute ligne ou section de ligne.

ART. 5. — La loi du 27 décembre 1880 est abrogée. »

Nous estimons que ces dispositions concilient d'une

manière satisfaisante les intérêts du Trésor et les nécessités de la circulation aux abords des voies ferrées.

Il est évident que beaucoup de dangers, que l'on redoutait, lors de la loi de 1845, ont disparu pour la génération actuelle, habituée qu'elle est à prendre des précautions contre les nouveaux moyens de locomotion automobile, dont la vitesse atteint souvent celle des convois les plus rapides, mais, néanmoins, nous pensons que le ministre ne devra accorder la dispense de clôture, qu'avec une extrême prudence, en raison de l'insouciance et de la légèreté du public français.

Les accidents, survenus aux personnes surprises sur la voie ferrée, sont encore malheureusement trop fréquents. Les passages à niveau ouverts au public, sans barrières ni gardiens, présentent les plus grands dangers (1). Les étrangers sont amenés à s'y engager, sans connaître le mouvement des trains, qui débouchent à l'improviste et avec une rapidité, qui ne permet pas de se garer à temps. Les riverains immédiats, se fiant sur la connaissance qu'ils croient avoir des mouvements des trains sur la voie, sont surpris par des convois en retard que l'on croyait passés depuis longtemps, ou par des trains supplémentaires, dont ils ignoraient le passage exceptionnel.

Aux États-Unis, où l'on prétend trouver des modèles en toutes choses, il n'y a généralement pas de clôtures

(1) En Angleterre en 1891, il y a eu 66 personnes tuées et 31 blessées en traversant les passages à niveau.

ni de barrières, et cependant, les accidents de personnes n'y sont pas très fréquents. La cause en est, que de l'autre côté de l'Atlantique, chacun sait qu'il ne doit compter que sur lui-même pour se protéger. Aux croisements sont placés de larges écriteaux, sur lesquels se lit en gros caractères, une inscription, à peu près ainsi conçue : « Un chemin de fer croise ici la route ; prenez garde aux trains ». On se tient pour averti et tant pis pour les imprudents (1).

En France, nous ne croyons pas qu'on puisse admettre ce système d'une façon absolue. L'éducation du public n'est pas encore suffisamment faite sur ce point, il a besoin d'être protégé, et le ministre devra tenir un grand compte de cette nécessité dans les autorisations qu'il accordera.

La dispense est purement facultative pour le ministre et le refus de l'accorder ne saurait donner naissance à aucune réclamation de la part des compagnies. C'est ce qui a été décidé, sous l'empire de la loi de 1880 que la loi de 1897 n'a fait que généraliser, à l'occasion d'une décision ministérielle du 7 septembre 1886, qui avait refusé d'accéder à cet égard à une demande de la Compagnie du Nord, mais, le ministre, par contre, n'aurait pas à tenir compte des dispositions contraires, qui pourraient se trouver dans le cahier des charges.

Par mesure de prudence, l'article 3, pour les chemins construits, exige une enquête. Avant que le ministre statue : on entendra l'administration exploitante, le

Conseil général des ponts et chaussées, le Conseil général du département.

Le législateur ne fait pas mention des riverains, séparés du chemin de fer par les clôtures à supprimer. Il s'est inspiré malheureusement de la jurisprudence du Conseil d'État et de la Cour de cassation, qui considèrent, à tort selon nous, que les clôtures sont établies uniquement dans l'intérêt de l'exploitation. En effet, il n'est pas douteux que dans l'esprit du législateur de 1845, les dispositions de l'article 4 devaient aussi bien assurer la sécurité de l'exploitation que la sûreté du public.

Nous reviendrons sur cette question en étudiant le but des clôtures.

Cependant, si au moment de l'expropriation, des engagements ont été pris par les compagnies envers les propriétaires riverains, au sujet de la séparation des terrains d'avec la voie ferrée, et que plus tard, l'Administration croit pouvoir délier ces compagnies de l'obligation de la clôture, elles seront bien dégagées des obligations vis-à-vis de l'État, mais elles seront toujours obligées envers le propriétaire. La dispense accordée ne pourra dépouiller le riverain d'un droit acquis, ni modifier en ce qui le concerne les obligations contractées envers lui, faisant partie du prix et des conditions de sa cession. Le régime de séparation entre la partie vendue et la partie conservée est légalement fixé, et ne peut être modifié en

privant le vendeur d'un avantage consacré en considération du prix stipulé.

Il en résultera que, si contrairement à cette obligation nécessairement acceptée par les parties et même
imposée au moment du contrat, la compagnie cesse de
maintenir les clôtures, les propriétaires riverains pourront demander des allocations d'indemnités (1).

(1) Conseil d'Etat, 28 novembre 1845 ; Conseil d'Etat, 15 décembre
1848 ; Cour de cassation, 14 décembre 1892.

CHAPITRE II

Caractère de la clôture.

Sommaire. — Les clôtures font partie du domaine public des chemins de fer ; elles sont par conséquent inaliénables et imprescriptibles ; les règles du droit civil sur la mitoyenneté leur sont inapplicables ; les travaux les concernant ont le caractère de travaux publics.

Les chemins de fer et toutes leurs dépendances font partie du domaine public. La doctrine et la jurisprudence sont d'accord sur ce point. Elles se fondent sur l'article 1er de la loi de 1845, qui place les voies ferrées dans la grande voirie, sur la discussion, qui a précédé le vote de la Chambre, et sur le rapport présenté au roi par M. Dumont, ministre des travaux publics, à l'appui de l'ordonnance de 1846.

Ce caractère domanial appartient-il aux clôtures ? Il nous paraît difficile d'en douter. Elles sont une dépendance légale et nécessaire du chemin de fer et en constituent un élément constitutif. Elles servent, en effet, à l'exploitation du chemin de fer, en facilitent la surveillance et en augmentent la sécurité, elles sont entourées et entretenues dans ce but, elles font donc partie des voies (1) auxquelles elles sont affectées, pour qu'elles puissent atteindre le but d'utilité publique qu'elles sont appelées à remplir.

La jurisprudence leur a reconnu ce caractère domanial dans de nombreux arrêts (2).

De ce fait, les clôtures sont soumises au régime exceptionnel du domaine public, elles sont inaliénables et imprescriptibles.

L'imprescriptibilité est absolue, et ne saurait être amoindrie par aucun acte juridique.

« Considérant, dit un arrêt du Conseil d'État du 9 août 1893, qu'il résulte de l'instruction et qu'il n'est pas contesté que le terrain, sur lequel le sieur L... a établi une clôture, fait partie des talus de la ligne des chemins de fer aux abords de la station Sèvres-Ville-d'Avray...., que le conseil de préfecture devait à raison de l'imprescriptibilité du domaine public, à laquelle le bail consenti au sieur L... par la ville de Sèvres ne pouvait porter atteinte, ordonner l'enlèvement des clôtures.... »

L'imprescriptibilité et l'inaliénabilité ne sont pas les seules conséquences de la domanialité. Les clôtures ne tombent pas, en outre, sous le coup des lois et règlements relatifs à la mitoyenneté.

Ainsi, l'acquisition de la mitoyenneté d'un mur de

(1) Les barrières des passages à niveau font partie des dépendances du chemin de fer, alors que le sol, qui continue à servir de moyen de communication, est rangé dans la voirie ordinaire. M. Picard paraît admettre cette distinction.

(2) Cour de cassation, 27 juillet 1867 ; 7 août 1874. Tribunal des conflits, 22 avril 1889.

clôture bordant la voie ferrée ne peut être requise par application des articles 653 et suivants du Code civil (1).

La section des travaux publics du Conseil d'État a eu à se prononcer sur cette question le 13 avril 1880.

Il s'agissait d'une demande faite par la Compagnie du Nord tendant à obtenir l'autorisation de céder la mitoyenneté du mur de clôture de la gare St-Sauveur à Lille à un propriétaire riverain, qui avait déjà élevé des constructions sur un terrain contigu en les appuyant sur ledit mur. Elle décida justement, que le droit d'acquérir la mitoyenneté ne peut être invoqué par les propriétaires riverains du mur de clôture des chemins de fer et que réciproquement l'Administration ne peut davantage accorder à titre gracieux cette mitoyenneté.

« Considérant, que les gares, stations et leurs clôtures font partie du domaine public des chemins de fer, comme étant indispensables à l'exploitation de ces chemins et affectées à l'usage du public, qu'elles sont à ce titre imprescriptibles et inaliénables.

« Considérant, d'autre part, que la mitoyenneté d'un mur donne à celui qui l'obtient un droit de copropriété de ce mur, que dès lors le mur de clôture d'une gare appartenant au domaine public, comme la gare elle-même dont il fait partie, ne saurait devenir mitoyen, qu'après avoir perdu en totalité le caractère de dépendance du domaine public, c'est-à-dire, après avoir été

(1) Béquet, *Répertoire de droit administratif.* Domaine, n° 708.

déclassé par l'autorité compétente et déclaré inutile au chemin de fer. »

L'article 663, qui confère à tout particulier le droit de contraindre son voisin, dans les villes et faubourgs, à contribuer à la construction et aux réparations des clôtures séparant les héritages, est exclusivement applicable aux rapports de voisinage entre particuliers et ne saurait être invoqué par les riverains du chemin de fer et étendu aux rapports entre le domaine public et la propriété privée.

Une autre conséquence de la domanialité est que les travaux faits, pour établir ou entretenir des clôtures, auront le caractère de travaux publics, par suite le Conseil de préfecture sera compétent, pour statuer sur les dommages causés par l'établissement ou l'entretien des clôtures, en vertu de l'article 4 de la loi du 28 pluviôse an VIII.

« Attendu, dit un arrêt de la Cour de cassation du 23 juillet 1867, que l'établissement de la clôture et son entretien sont obligatoires pour la Compagnie, tant d'après son cahier des charges que d'après les articles 4 de la loi du 15 juillet 1845 et 2 de l'ordonnance du 15 novembre 1846, lesquels imposent à la Compagnie l'obligation de se clore des deux côtés sur toute l'étendue de la voie et d'entretenir la clôture constamment en bon état ; que ladite haie, adoptée comme mode de clôture par l'Administration, s'étant trouvée par là affectée au service public comme dépendance du che-

min, il en résulte que la Compagnie en la maintenant
et l'entretenant, agit, non comme propriétaire mais
comme entrepreneur ou concessionnaire de travaux
publics et par cela même, que les réclamations en réparation des dommages dont l'existence et l'entretien de
la haie peuvent être la cause ou l'occasion, doivent, aux
termes de l'article 4 de la loi du 28 pluviôse an VIII,
être portées devant l'autorité administrative. »

Nous reviendrons là-dessus, en étudiant dans le chapitre suivant, l'entretien et l'établissement des clôtures.

Pour ces mêmes motifs, l'autorité judiciaire ne peut
ordonner la suppression des clôtures (1).

Lorsqu'une Compagnie substitue un système de barrière à un autre système déjà établi, si le voisin prétend
que le nouveau système aggrave la servitude qui grève
son immeuble et demande par voie de réintégrande au
possessoire la suppression de la nouvelle barrière et le
rétablissement de l'ancienne, cette action, ayant pour
but la suppression d'un travail public, ne peut être portée
ni devant le juge de paix au possessoire, ni devant le
tribunal civil au pétitoire, car l'action vise toujours un
travail public (2).

Pour la même raison, c'est à l'autorité administrative et non à l'autorité judiciaire, qu'il appartient de
connaître du préjudice, dont aurait souffert un particulier par suite du déplacement d'un passage à niveau,

(1) Cour de cassation, 15 avril 1890, Sirey, 1890.1.251.
(2) Alger, 16 mars 1889.

3

lorsque ce déplacement a été autorisé, et que le travail est devenu partie intégrante de l'œuvre accomplie par la Compagnie (1). Il a été jugé aussi que c'était l'autorité administrative, qui était compétente, pour connaître d'une demande formée par un propriétaire riverain d'une voie ferrée contre la Compagnie concessionnaire, à l'effet de faire décider, qu'un passage à niveau restera constamment ouvert, et de faire condamner la Compagnie à des dommages-intérêts, en réparation du préjudice causé au propriétaire par la fermeture durant la nuit de ce passage (2).

(1) Cour de cassation, 26 juin 1866.
(2) Cour de cassation, 13 février 1882, Lamé-Fleury, 1882, p. 89. Sirey, 84.1.152.

CHAPITRE III

Établissement et entretien des clôtures.

SECTION I

ÉTABLISSEMENT DES CLÔTURES.

Sommaire. — Etablissement des clôtures : sous l'empire de la loi de
1842, depuis la loi de 1845. — Autorité compétente pour décider
le cas échéant à qui incombe la charge de l'établissement des
clôtures. — Poursuite contre les compagnies pour défaut d'établissement, article 11, article 21 de la loi de 1845.

Détermination par l'Administration des modes de clôture. — Aucun recours contentieux n'est ouvert contre les décisions de l'Administration, soit pour modification, soit pour réclamer des dommages-intérêts, toutefois une convention privée ou un mode qui
produirait directement un dommage donnerait lieu à un recours.

Indication des principaux modes de clôtures, types divers de
barrières pour passage à niveau. — Conditions d'ouverture et de
fermeture de ces barrières. — Signaux protecteurs des passages à
niveau.

L'ordonnance de Guillaume de Prusse du 7 novembre 1838, § 14, met à la charge des Compagnies la construction de tout ce que le Gouvernement jugera nécessaire, pour garantir les propriétés riveraines de tous
dommages. Parmi les constructions figurent nominati-
vement les clôtures. Cette disposition se retrouve dans
presque toutes les législations étrangères, notamment
dans la loi hollandaise du 9 avril 1875, dans les règlements de la loi du 18 mai 1840, en Angleterre dans

l'act du 8 mai 1845, mais l'ordonnance de Prusse du
3 novembre 1838 ajoute que lorsque la nécessité de
pareils établissements ne se fait sentir qu'après l'ouverture de la voie et à la suite d'un changement opéré
dans les propriétés voisines, la Compagnie de chemins
de fer est bien tenue de les faire mais aux frais des
propriétaires riverains.

En France, l'établissement des clôtures et la dépense
que nécessite généralement leur construction est à la
charge des Compagnies.

Toutefois sous le système de la loi de 1842, l'État et
les Compagnies se partageaient la construction des
clôtures et des barrières des passages à niveau, l'expérience avait alors démontré que l'industrie privée
n'était pas en état de suffire à la création des chemins
de fer et que l'État ne devait pas y rester étranger.
L'État se chargeait des travaux d'infrastructure et la
Compagnie des travaux de superstructure. Or l'établissement des barrières des passages à niveau est rangé
dans les premiers, et l'établissement des clôtures dans
les seconds.

Cette distinction est établie dans le cahier des charges supplémentaires annexé aux conventions de 1859-
1863.

L'État devait livrer aux concessionnaires les terrains, terrassements, ouvrages d'art des chemins et
des stations ainsi que les maisons de garde et des
passages à niveau (article A).

De son côté la Compagnie devait établir tous les autres travaux, elle devait notamment établir les clôtures nécessaires pour séparer le chemin de fer des propriétés riveraines et pour assurer la sûreté de la circulation, mais les barrières des passages à niveau n'étaient pas comprises dans les clôtures à la charge des Compagnies (article E).

Ce système, qui avait été pratiqué pendant les premières années qui ont suivi la promulgation de la loi, a été généralement abandonné pour les lignes concédées depuis 1846 et surtout depuis 1852, mais on y a eu recours à partir de 1859 pour des lignes très importantes. C'est ainsi que d'après les conventions approuvées par la loi du 11 juin 1859, l'État s'est engagé envers les Compagnies de l'Ouest et du Midi à exécuter dans les conditions de la loi de 1842 le chemin de fer de Rennes à Brest, le chemin de fer de Toulouse à Bayonne et celui de Perpignan à Port-Vendres, et dans diverses conventions postérieures, la Compagnie du Midi a le plus souvent obtenu que les nouveaux chemins qui lui étaient concédés seraient exécutés dans ces conditions ; en outre plusieurs lois de 1860 et de 1868 ont autorisé l'État à entreprendre des chemins dans ce système, sans avoir encore négocié avec les Compagnies concessionnaires.

Sous l'empire de cette loi, des difficultés s'élevèrent sur le point de savoir si les murs de clôture en maçonnerie devaient être construits par l'État, comme faisant

partie des travaux d'art mis à sa charge par l'article 5 de
la loi de 1842 et l'article A du cahier des charges, ou par
les Compagnies, comme faisant partie des clôtures classées parmi les travaux de superstructure. MM. Rebel et
Juge pensent que les clôtures établies en maçonnerie
aux gares et aux stations comme les barrières des passages à niveau sont à la charge de l'État (1).

En cas de litige à ce sujet entre l'État et la Compagnie, ce n'est point à l'Administration seule à décider,
l'article 4 de la loi de 1845 lui donne bien le droit de déterminer le moment où la clôture devra être terminée
et le mode de clôture, mais il faut s'en référer aux règles
ordinaires de compétence pour reconnaître qui devra
vider la difficulté. Or comme il s'agit ici d'apprécier un
contrat administratif entre l'État et une Compagnie concessionnaire, le Conseil de préfecture, juge du contentieux administratif en vertu de l'article 4 de la loi du
28 pluviôse an X, sera seul compétent sauf recours au
Conseil d'État (2).

A côté du système de l'exécution des travaux de chemin de fer par l'État et les concessionnaires, dans les
conditions prévues par la loi de 1842, le législateur et
le Gouvernement ont fréquemment mis en pratique un
autre système qui consiste à charger les Compagnies

---

(1) Rebel et Juge, *ouvrage précité*, nᵒˢ 261, 266, 283, 293. Cahier
des charges d'Orléans à Bordeaux, art. 7, § 4.

(2) Rebel et Juge, *ouvrage précité*, nᵒˢ 881, 882 ; Gand, *ouvrage précité*, nᵒˢ 82, 83 ; Conseil d'État, 15 juillet 1850.

concessionnaires de l'exécution complète des travaux. C'est donc la Compagnie qui devra dans ce cas supporter la charge des clôtures et des barrières. Ce système constitue le régime normal des chemins de fer d'intérêt général et d'intérêt local.

Si une Compagnie refusait de se conformer aux prescriptions de l'article 4 de la loi de 1845, en négligeant d'établir des clôtures fixes, elle commettrait une contravention, qui tomberait sous l'application de l'article 11 de la même loi, qui dispose que cette contravention sera constatée, poursuivie et réprimée comme en matière de grande voirie et la punit d'une amende de 16 à 300 francs.

En ce qui concerne le défaut d'établissement de barrières et de placement de gardiens dans les passages à niveau, cette contravention peut être appréciée sous deux points de vue différents. Elle trouve d'abord sa sanction dans l'article 11. D'autre part, l'article 21 de la même loi, placé sous le titre III, relatif aux mesures destinées à garantir la sûreté de la circulation sur les chemins de fer, porte d'un autre côté que toute contravention aux ordonnances et arrêtés préfectoraux sur la police, la sûreté et l'exploitation des chemins de fer sera punie d'une amende de 16 à 3.000 francs. Or l'article 4 de l'ordonnance du 15 novembre 1846, sur l'exploitation, la police et la sûreté des chemins de fer, prescrit d'établir des barrières sur tous les passages à niveau. Le défaut d'établissement de barrières constitue dès lors une contravention punie de peines différentes et justiciable à la fois des conseils de préfecture et des tribunaux correctionnels. Il peut s'élever, dès lors, des doutes sur la juridiction à saisir. M. Féraud-Giraud (1) soutient que l'on devra appliquer l'article 21 et par conséquent la compétence correctionnelle, si outre la contravention et à l'occasion de cette contravention, il est résulté un accident de nature à constituer un délit.

Un arrêt de la Cour de Metz, du 30 juin 1863, a statué dans ce sens.

Le 2 août 1862, deux chevaux avaient été tués en traversant un passage à niveau, non muni de barrières. La Compagnie d'entre Sambre-et-Meuse fut condamnée par le tribunal de Rocroy, mais sur l'opposition formée par celle-ci, le tribunal adhéra à sa demande de renvoi devant le Conseil de préfecture, en ne considérant plus le fait que comme une contravention en matière de grande voirie. Mais sur l'appel du ministère public, la Cour de Metz saisie de la cause a fait une savante et judicieuse distinction entre l'objet et l'application des dispositions de la loi de 1845 d'une part et de l'ordonnance de 1846 de l'autre.

La loi en déclarant contravention de grande voirie les faits énoncés dans les divers articles de son pre-

---

(1) Féraud-Giraud, *Voies publiques et privées modifiées par les chemins de fer.*

mier titre, a eu en vue la conservation de la voie, mais dès qu'il s'agit d'accidents, qui ont compromis l'existence, la sûreté de l'homme et des animaux, ces faits tombent sous l'application de l'article 21.

« Attendu, disait la Cour de Metz, que la loi du 15 juillet 1845 dans son titre Ier relatif à la conservation des chemins de fer déclare qu'ils font partie de la grande voirie et attribue à l'autorité administrative la constatation, la poursuite et la répression des contraventions à ces mesures, articles 1, 2, 11 ; — Attendu que l'article 4 du même titre prescrit l'établissement de barrières à tous les passages à niveau, qu'ainsi il faut reconnaître que les Conseils de préfecture sont seuls compétents pour apprécier et punir les infractions commises aux termes de cet article, en tant que considéré comme protégeant la conservation du chemin ; — Attendu que dans son titre III la même loi prévoit et punit certains crimes et délits spécifiés de nature à compromettre la circulation sur les chemins de fer, crimes et délits dont elle attribue la répression aux tribunaux correctionnels ; — Attendu qu'après avoir ainsi déterminé et assuré d'une manière spéciale les moyens de conservation et de sûreté, la même loi (art. 21) prévoit par une disposition spéciale et punit de peines correctionnelles les infractions qui seraient commises aux ordonnances portant règlement sur la police, la sûreté et l'exploitation des chemins de fer ; — Attendu que, le 15 novembre 1846, a paru une ordon-

nance de cette nature dont le titre Ier, article 4, prescrit l'établissement de barrières à tous les passages à
niveau ; qu'il est impossible d'admettre que cette nouvelle prescription conçue dans les mêmes termes que
l'article 4 de la loi de 1845 n'a eu pour but que la
conservation des chemins de fer, ce qui résulte de l'é-
noncé du titre Ier dont l'article 4 fait partie, tandis que
l'ordonnance de 1846 s'occupe spécialement et uniquement de la police et de la sûreté de l'exploitation, ce
qui s'explique par la nécessité de protéger le public
contre les accidents auxquels il est exposé à défaut
d'exécution des mesures que l'expérience a jugé nécessaires, spécialement à défaut de l'établissement de barrières aux passages à niveau... » (1)

Si, au moment de l'établissement d'un chemin de fer,
une Compagnie s'était engagée par une convention à établir des clôtures ou un passage à niveau au profit d'un
particulier, alors qu'elle en est dispensée, le défaut d'é-
tablissement ne constituerait pas une contravention de
grande voirie de la compétence du Conseil de préfecture, ni un délit de la compétence correctionnelle (2).
Mais cette inexécution d'obligations dérivant d'un
contrat civil donnerait lieu à une action en dommages-
intérêts devant les tribunaux civils.

D'après l'article 4 de la loi de 1845, c'est à l'Adminis-

---

(1) Cité par Cotelle, *Législation des chemins de fer*, t. 1, p. 27.
(2) Tribunal de Blois, 11 décembre 1846.

tration qu'il appartient de déterminer le mode des clôtures.

Le projet de loi avait cru devoir fixer ce mode, il portait une énumération limitative: « Le chemin de fer sera
séparé des propriétés riveraines par des murs, haies,
barrières ou par des fossés. »

Plusieurs députés et entre autres M. de Beaumont dé-
fendirent cet article qui, suivant eux, avait l'avantage
de déterminer d'une manière précise le mode et la
nature des clôtures. M. de Chasseloup-Laubat leur fit
remarquer au nom de la Commission qu'une pareille
détermination établie par la loi était impossible.

« Le projet présenté par le Gouvernement, disait l'honorable rapporteur, ne précise rien et répand même sur
le choix du mode de la clôture un doute qu'il nous a
paru dangereux de laisser dans la loi.

« En effet, d'après cette rédaction, à qui appartien-
drait le droit de déterminer quelle sera l'espèce de clôture employée? Les Compagnies le revendiqueront sans
doute pour elles-mêmes. Du moment que le chemin de
fer sera clos, même par de simples fossés, ne pourront-
elles pas soutenir qu'elles ont satisfait aux prescriptions
de la loi, et croyez-vous que tel ou tel mode de clôture
soit indifférent à la sûreté publique, à la sécurité des
voyageurs. Évidemment non : ici c'est une ville, un vil-
lage populeux que le chemin traverse ; il faut une clôture solide, qui oppose un obstacle sérieux : là, ce sont
des plaines, où de rares habitations apparaissent, que

parcourt le chemin, des barrières, des fossés seront peut-être suffisants.

« On ne peut donc déterminer d'avance, par la loi, quel mode de clôture sera employé : le vouloir uniforme serait ou ruiner les Compagnies, ou n'exiger rien de sérieux ; et leur abandonner le choix, serait peut-être ne pas atteindre le but qu'on se propose.

« La commission a donc pensé que ce qu'il y avait de mieux à faire, c'était de se borner à déclarer que les chemins de fer seraient clos sur toute l'étendue de la voie et ensuite de laisser à l'Administration le soin de déterminer le mode de clôture ; l'Administration dans son choix aura égard à ce que commande la sûreté publique et aussi à ce que réclame l'intérêt des Compagnies (1). »

Ces sages observations eurent l'assentiment de la Chambre, elle pensa qu'il pourrait être plus utile de ne pas circonscrire dans une énumération restrictive la latitude du Gouvernement et qu'il valait mieux abandonner à sa discrétion le choix du mode de clôture convenable et possible pour chaque localité. Aussi l'avis de la commission passa dans les dispositions de l'article 40 de la loi :

« Tout chemin de fer sera clos des deux côtés et sur toute l'étendue de la voie; l'Administration déterminera pour chaque ligne le mode de cette clôture. »

On retrouve reproduit en termes un peu plus expli-

(1) Séance de la Chambre des députés du 31 janvier 1845. Duvergier, *Collection des lois*, p. 290, 1845.

cites le principe de l'article 4 dans l'article 30 du cahier des charges :

« Le chemin de fer sera séparé des propriétés riveraines par des murs, haies, ou toute autre clôture, dont le mode et la disposition seraient autorisés par l'Administration sur la proposition de la Compagnie. »

C'est à l'Administration active, qu'il appartient de faire cette détermination. On discuta longuement à la Chambre sur la désignation de celle des autorités de la hiérarchie administrative, qui serait chargée de ce soin. La commission avait demandé que la désignation fût faite par un règlement d'administration publique, il aurait fallu, dès lors, une ordonnance royale délibérée en Conseil d'État. M. Benoit, député, fit observer qu'exiger une ordonnance royale serait une formalité qui ferait perdre beaucoup de temps, attendu que le Conseil d'État ne statuerait qu'après et sur l'avis du Conseil général des ponts et chaussées et il demandait que le mode de clôture fût déterminé par les autorités supérieures locales (1). D'autres députés soutinrent qu'on devait laisser ce soin au Conseil général des ponts et chaussées. Au milieu de cette divergence d'opinions le ministre des travaux publics fit observer « qu'on concilierait tout en ajoutant à l'article ces mots : l'Administration déterminera pour chaque ligne le mode de clôture ». Et c'est, en effet, en ces termes que l'article a été adopté.

(1) *Moniteur* du 1ᵉʳ février 1845.

La loi réserve ainsi le droit de désignation à l'Administration d'une manière générale et sans distinction. Certains auteurs ont cependant prétendu que le préfet ne pouvait pas être compétent. M. Jousselin fait observer dans son traité des *Servitudes d'utilité publique* (1), que, si le mot Administration était seul dans la loi, on devrait en conclure, que le pouvoir est attaché aux préfets, puisque aux termes de la loi du 28 pluviôse an VIII, article 3, c'est dans chaque département le préfet qui est chargé de l'administration, mais le paragraphe ajoute que le mode de clôture est déterminé pour chaque ligne ; or, chaque ligne parcourt plusieurs départements et le pouvoir de chaque préfet expire aux limites du département qui lui est confié. Cette situation rend donc nécessaire l'intervention de l'autorité ministérielle comme réunissant sous sa main tous les départements du territoire.

M. Gand (2) est du même avis : « Ce n'est pas par un arrêté préfectoral que cette détermination pourra être faite. D'abord ce mode aurait le grave inconvénient d'exposer cette mesure à manquer d'uniformité, ensuite il serait contraire à l'intention des Chambres, qui, dans le cours de la discussion, ont chacune de leur côté exprimé la pensée que le soin de régler le genre de clôture appartînt au Gouvernement. »

Nous ne contestons pas qu'en pratique, il faudra re-

(1) Jousselin, *Servitudes d'utilité publique*, t. II, p. 387.
(2) Gand, *ouvrage précité*, p. 81.

courir à l'autorité ministérielle lorsque la ligne traversera plusieurs départements, mais les termes généraux dont s'est servi le législateur dans l'article 4 ne permettent pas d'admettre cette exclusion. D'autre part, nous savons que c'est sur les observations de M. Benoit, qui voulait charger les autorités supérieures locales, par conséquent le préfet, qu'on changea la rédaction de l'article 4 en remplaçant le mot « règlement d'Administration » par celui d' « Administration ». M. Gand lui-même, après avoir refusé toute compétence au préfet, se contredit quelques lignes après : « cette indication (changement dans la rédaction) n'a été présentée, dit-il, et acceptée à titre de conciliation que parce que l'élasticité des termes de la rédaction n'excluait l'action d'aucun des corps de l'Administration, conférant au Gouvernement la faculté de procéder à son choix par des ordonnances simples, par décisions ministérielles, par règlement du Conseil général des ponts et chaussées et enfin par arrêtés préfectoraux soumis ou non à l'approbation du ministre ».

Le mode de clôture pourra donc, à notre avis, être déterminé soit par un décret du chef du Gouvernement, un arrêté ou une décision du ministre ou des arrêtés préfectoraux.

En ce qui concerne les barrières, on s'est montré plus explicite ; c'est le ministre, en vertu de l'article 4 de l'ordonnance de 1846, qui est chargé du soin de régler le genre des barrières.

Une fois fixé, le mode de clôture pourra-t-il être modifié par l'autorité dont il émane, s'il ne paraît pas suffisant pour la sécurité publique ?

D'après MM. Rebel et Juge (1), la Compagnie devra le remplacer par un autre sans indemnité. Cette charge, font-ils observer, n'est pas plus lourde que celle qui est imposée à une Compagnie de clore le chemin, alors qu'elle n'y était pas obligée par son traité, et puisque la loi de 1845 autorise le Gouvernement à imposer l'une dans l'intérêt de la sécurité publique, on ne comprendrait pas qu'il lui eût refusé le droit d'imposer l'autre dans le même but.

MM. Carpentier et Maury (2) sont d'un avis contraire. L'État ne serait pas recevable, une fois le procès-verbal de réception définitive intervenu, à prescrire au concessionnaire des travaux nouveaux, et notamment l'établissement de clôtures plus élevées que celles qui à l'origine auraient été reconnues suffisantes.

Nous croyons cependant, que si la clôture ne remplit pas les conditions nécessaires à la sécurité publique et que l'Administration oblige la Compagnie à une modification coûteuse, celle-ci devra s'incliner devant la légalité de cette mesure et s'y soumettre ; mais si la clôture a été établie suivant les prescriptions de l'Administration, comme la Compagnie a rempli les obli-

---

(1) Rebel et Juge, *ouvrage précité*, n° 584.
(2) *Pandectes françaises*, V° *Chemins de fer*.

gations que lui impose son cahier des charges, elle ne saurait supporter cette charge sans indemnité.

Si l'Administration peut elle-même modifier ses décisions concernant le mode des clôtures, aucun recours contentieux ne saurait l'obliger à le faire.

La question s'est soulevée presque au début des chemins de fer pour la traversée des pâturages de Normandie. Les propriétaires soutenaient que la ligne devait être séparée de leurs prairies par de forts poteaux reliés entre eux par deux lignes de fil de fer de gros calibre offrant aux bestiaux un obstacle infranchissable. Le Conseil général des ponts et chaussées repoussa leur demande en déclarant que les échalas ou haies sèches de la clôture étaient suffisants, que d'ailleurs ils n'étaient que provisoires servant de soutiens à des plantations de haies vives d'arbres qui, en quelques années, fourniraient une défense convenable (1).

La jurisprudence dans de nombreuses décisions s'est prononcée dans le même sens. Il est intéressant de noter un arrêt du Conseil d'État du 24 mai 1859. Les époux V... prétendaient que la clôture établie par la Compagnie, pour séparer leur propriété de la voie ferrée, était insuffisante pour contenir les animaux de leur basse-cour. Ils saisirent le Conseil de préfecture du Calvados d'une demande tendant à ce que la Compagnie fût condamnée à remplacer les clôtures existantes et à leur

(1) Avis du 3 septembre 1850, Cotelle, *Législation des chemins de fer*, t. 4, p. 199.

4

payer des dommages-intérêts. Le Conseil de préfecture leur donna gain de cause. Mais cette décision fut annulée par le Conseil d'État pour les motifs suivants :

« Considérant que les époux V... reconnaissent que l'acte de cession de leur propriété à la Compagnie des chemins de fer de l'Ouest ne contient aucune stipulation ni réserve relativement aux clôtures, qu'ils prouvent leur réclamation uniquement sur l'obligation à laquelle la Compagnie serait tenue par son cahier des charges de séparer la voie de fer des propriétés riveraines par une clôture suffisante. Mais considérant qu'aux termes de l'article 46 du cahier des charges et de l'article 4 de la loi du 15 juillet 1845, l'Administration a seule le droit de déterminer le mode de clôture que la Compagnie est tenue d'établir le long de la voie, annule... »

Toutefois, s'il est intervenu entre la Compagnie et les propriétaires riverains une stipulation relative aux clôtures et que des difficultés se présentent, comme elles naissent à l'occasion de l'exécution et de l'interprétation d'un contrat privé, ce sera aux tribunaux de l'ordre judiciaire à en connaître (1) et un recours sera ouvert. Ils pourront dans ce cas faisant application de l'article 1144, décider, si la Compagnie négligeait de remplir sa promesse, l'établissement ou la modification de la clôture (2).

(1) Conseil d'Etat, 28 novembre 1845, 15 décembre 1848.
(2) Féraud-Giraud, *Régime légal des propriétés riveraines des chemins de fer*, p. 244.

On a élevé des objections contre ces accords privés destinés à régler le mode de clôture. On s'est demandé comment la Compagnie arriverait à satisfaire en même temps aux obligations de la loi et de son contrat, alors que le mode prescrit par l'Administration ne remplissait pas les conditions convenues avec le riverain. Nous pensons que la Compagnie étant liée doublement par son contrat et par la loi devra satisfaire à cette double obligation : établir la clôture qu'elle s'est obligée à construire le long de la parcelle riveraine ou en payer les frais, si à son refus le propriétaire y a fait procéder lui-même, et juxtaposer à cette clôture celle prescrite par l'autorité. Ce sera excessif, mais qu'on n'en accuse que la rigueur inutile de l'Administration et la Compagnie qui a contracté un engagement conduisant à ces conséquences.

Il appartient donc dans tous les cas à l'Administration active de désigner le mode de clôture, que les concessionnaires doivent établir, lorsqu'ils n'ont pas été régulièrement dispensés de subir cette charge, et aucun recours contentieux n'est ouvert contre la désignation faite par l'Administration ; mais, faut-il aller jusqu'à admettre que l'Administration pourrait adopter une clôture qui loin de bénéficier au riverain lui causerait des dommages, et jusqu'à refuser toute action en responsabilité au propriétaire lésé ? Ainsi dans les terrains d'alluvion, l'Administration pourra-t-elle autoriser une Compagnie à planter sur ses limites à titre de clôture une bordure de peupliers d'Italie ou pyramidaux formant un immense rideau interceptant le jour et le soleil à une grande distance sur l'héritage voisin. L'Administration le fait parfois le long des routes, mais à titre de plantations, soumises à une législation toute spéciale. Pourrait-elle le faire à titre de clôture le long d'un chemin de fer?

Cela ne se produira pas en pratique, sans doute, ne fût-ce qu'à raison des dangers que les plantations de cette essence feraient courir à l'exploitation (1). Mais enfin pourrait-on refuser tout recours à un propriétaire riverain, à qui un mode de clôture produirait directement un dommage?

Le Conseil d'État a paru admettre ce recours dans l'espèce suivante, qui est très curieuse. Un propriétaire prétendait que la haie de clôture plantée en épine-vinette par la Compagnie du Nord, avait occasionné des dommages à ses récoltes de blé, en leur communiquant la maladie connue sous le nom de rouille linéaire.

La maladie s'était déclarée vers 1863, mais ce n'est qu'en 1875, à la suite de publications scientifiques et notamment de recherches d'un savant allemand, M. du Bary, sur les maladies des céréales, que M. C... actionna la Compagnie devant l'autorité judiciaire, comme res-

(1) Dans les plantations le long des voies ferrées on évite le peuplier dont le bois est cassant et dont les feuilles tombent à demi desséchées lorsque le vent les porte sur la voie. Ces feuilles s'attachent aux rails et déterminent le patinage des roues. *Enquête sur l'exploitation*, 1858.

ponsable des dommages soufferts par ses récoltes. La Cour d'Amiens se déclara incompétente par un arrêt du 7 août 1875, motivé sur ce que les haies de clôture étaient une dépendance du chemin de fer et sur ce qu'il appartenait à la juridiction administrative, aux termes de l'article 4 de la loi du 28 pluviôse an VIII, de statuer sur les dommages, provenant tant de la construction que du mode d'entretien des ouvrages publics. Le Conseil de préfecture, saisi à la suite de cette décision de l'examen de la question, la résolut dans le sens de la responsabilité de la Compagnie ; celle-ci déféra l'arrêté du Conseil de préfecture au Conseil d'État, qui statua dans les termes suivants :

« Considérant que pour condamner la Compagnie du Nord à réparer le préjudice éprouvé par le sieur C..., le Conseil de préfecture s'est fondé sur ce que la rouille dont les blés de ce propriétaire ont été atteints devait être attribuée au voisinage des épines-vinettes se trouvant dans les haies de clôture de la voie ferrée ; mais considérant qu'il ne résulte pas de l'instruction des présomptions d'une gravité et d'une précision suffisantes pour permettre d'affirmer que ce voisinage a été la cause certaine du dommage dont se plaint le sieur C... ; qu'ainsi, c'est à tort que, par l'arrêté attaqué, le Conseil de préfecture en a déclaré responsable la Compagnie du chemin de fer du Nord (1). »

(1) Conseil d'Etat, 28 juin 1889, Sirey, 91.3.84, D. P. 91.3.9. V. les conclusions du commissaire du Gouvernement.

Il résulte bien de cet arrêt, que, si la preuve de la cause du dommage avait été administrée d'une façon complète, la condamnation de la Compagnie aurait été prononcée. En effet, malgré l'annulation de l'arrêté du Conseil de préfecture, le Conseil d'État n'en a pas moins reconnu implicitement que les dommages causés directement par l'existence de la clôture pouvaient motiver une action en dommages-intérêts, et en cela il ne faisait qu'appliquer les règles de l'article 1382, aux termes duquel tout fait quelconque de l'homme qui cause à autrui un dommage oblige celui par le fait duquel il est arrivé à le réparer, mais il faut que le fait matériel soit le résultat d'une faute.

Dans l'espèce, la faute de la Compagnie ne fut pas suffisamment démontrée, attendu qu'aucune loi et aucun règlement n'interdisait aux particuliers de planter l'épine-vinette et qu'au moment où les plantations furent faites, personne n'attribuait au voisinage des épines-vinettes la maladie des céréales. La Compagnie ne pouvait pas être déclarée responsable de ce dommage pas plus que ne serait responsable le propriétaire d'un vignoble dont les vignes auraient communiqué le phylloxéra à un vignoble voisin.

Modes de clôture adoptés dans l'exploitation.

Tous les chemins de fer sont clos en haies vives ou en clôtures sèches.

Parmi ces dernières on a adopté différents systèmes : clôtures en treillage à la mécanique s'appuyant sur des poteaux espacés de 1 m. 20 à 1 m. 30 ; clôtures en échalas fixées sur des lisses, fixées elles-mêmes à des poteaux ; clôtures à 2 ou 3 lisses, fixées sur des poteaux ; clôtures en fil de fer fixées sur des poteaux et disposées pour être tendues au besoin. Ces clôtures ont moyennement 1 m. 20 de hauteur (1).

Les haies vives qui doivent généralement remplacer les clôtures sèches sont plantées à 0 m. 50 en deçà de ces clôtures. Il a été admis par le ministre des travaux publics comme un principe de jurisprudence administrative qu'aucune substitution de haies vives aux clôtures sèches primitivement adoptées le long des lignes de chemins de fer ne pourrait avoir lieu sans une autorisation ministérielle (2). C'est ainsi que la Compagnie du Midi a été autorisée à supprimer la clôture sèche dans les parties de voie où, sur une longueur de 50 mètres au minimum, la haie vive présentera d'une manière continue au moins vingt centimètres d'épaisseur et 1 mètre de hauteur (3).

Sur certaines lignes, les clôtures consistent en une haie vive composée de brins de marsaulx garnis d'échalas plantés en terre et réunis par une lisse. Sur d'autres points les clôtures constituent de véritables plantations.

---

(1) Enquête générale sur l'exploitation. *Recueil administratif,* 1858.
(2) Décision ministérielle du 3 juin 1872.
(3) Extrait d'une décision ministérielle du 6 mai 1876.

Les plants d'aubépine réussissent très bien en février et en mars. En Alsace les haies vives plantées le long du chemin de fer de Strasbourg à Bâle ont acquis en moins de 10 ans un développement considérable. Depuis quelques années on a disposé sur quelques lignes une partie des treillages en espaliers ou clôtures fruitières. Nous ne connaissons aucune instruction réglementaire au sujet de ce système qui ne donne pas, croyons-nous, de grands produits, là surtout où peuvent aborder à l'extérieur les bestiaux et les passants.

Toutes ces clôtures présentent généralement peu de résistance. Dans l'intérêt de la viabilité et pour prévenir autant que possible d'une part les actes de malveillance et d'autre part l'invasion des bestiaux il eût été convenable, peut-être, d'adopter généralement des clôtures véritablement défensives, telles que les palissades en charpente, d'environ 1 m. 35 de hauteur, mais l'expérience a démontré que le service et la sécurité de l'exploitation ne motivaient nullement la dépense considérable qui serait résultée de l'édification de semblables barrières ou de tout autre système équivalent et l'on a dû naturellement y renoncer.

Types divers de barrières.

Sur quelques lignes de chemins de fer l'accès des passages à niveau n'était défendu autrefois que par des lisses au lieu de barrières à vantaux, mais il a paru à l'Administration que bien que le système des lisses soit généralement appliqué en Angleterre et en Belgique, il présentait des inconvénients et des dangers en France où le public a souvent besoin d'être protégé contre sa propre imprudence (1).

Il n'existe en France aucun type uniforme. Sur quelques lignes on a adopté des barrières à palissade à un ou deux vantaux ouvrant du côté de la route. Sur d'autres lignes les barrières s'ouvrent sur les voies de manière à clore parfaitement ces dernières et empêcher l'introduction d'animaux. Ces deux systèmes présentent l'un et l'autre leurs inconvénients relatifs au point de vue des accidents. Préoccupés de ces inconvénients, quelques ingénieurs chargés de nouvelles lignes en construction ont adopté, sur plusieurs points, un nouveau système de barrières. Ce sont des barrières roulantes en fer se mouvant parallèlement aux rails. Ces barrières sont très faciles à mettre en mouvement. Une femme peut les manœuvrer d'une seule main, elles ne se dérangent pas, ne se détruisent pas et paraissent inusables.

Quel que soit le type adopté, les barrières sont ordinairement accompagnées d'un portillon à palissade, à double ou simple battant, pour piétons, disposé de manière à empêcher l'introduction des animaux sur la voie. Sur diverses lignes on emploie avec succès un tourniquet du système Breguet qui reprend toujours la même place au moyen d'un pivot excentrique.

(1) Circulaire ministérielle, 13 septembre 1856.

Conditions d'ouverture et de fermeture des barrières
de passage à niveau.

Conformément à l'article 4 de la loi du 15 juillet
1845 et de l'article 4 de l'ordonnance du 15 novembre
1846 « le mode, la garde et les conditions du service
des barrières des passages à niveau sont réglés par le
ministre sur la proposition de la Compagnie ».

Les règlements arrêtés par le ministre des travaux
publics ne sont pas absolument uniformes pour toutes
les Compagnies ; toutefois il existe un modèle type de
règlement, qui a été approuvé par arrêté ministériel du
7 mai 1881 pour la Compagnie Paris-Lyon-Méditerranée et qui a été adopté par les autres Compagnies
sauf quelques modifications sans importance (1).

Ce règlement contient notamment les dispositions
suivantes.

Les passages à niveau établis pour la traversée des
chemins de fer de Paris à Lyon et à la Méditerranée
sont divisés en cinq catégories (art. 1er).

Sur toutes les lignes le service est divisé en service
de jour et service de nuit. Sauf exception, le service
de jour commence à six heures du matin et finit à
9 heures du soir ; le service de nuit commence à 9 heures du soir et finit à six heures du matin (art. 2).

(1) Voir aussi Arr. min. trav. publics, 5 décembre 1892, relatif
au classement des passages à niveau situés sur les lignes d'intérêt
général exploitées par les sociétés des chemins de fer économiques
du sud de la France, *Recueil min. trav. publics*, 1892, p. 288.

Dans la première catégorie sont compris tous les passages à niveau pour voitures, ouverts, en moyenne plus de cent fois par vingt-quatre heures. Pendant le service de jour ces barrières resteront habituellement ouvertes ; elles seront fermées lorsqu'un train sera en vue ou attendu. Pendant le service de nuit, elles seront habituellement fermées. Le service sera fait jour et nuit par des agents qui devront être constamment à la portée de ces passages ; pendant le service de jour seulement ce service pourra être confié à des femmes (art. 31).

La deuxième catégorie comprend les passages à niveau pour voitures ouverts en moyenne moins de cinquante à cent fois par vingt-quatre heures, pendant le service de jour : 1° sur les lignes à très grande circulation de trains, les barrières seront habituellement fermées, elles seront ouvertes à la demande des passants ; 2° sur les lignes à moyenne ou faible circulation de trains, les barrières seront habituellement ouvertes. Elles seront fermées, lorsqu'un train sera en vue ou attendu. Pendant le service de nuit, les barrières seront habituellement fermées sur toutes les lignes. Un homme logé dans une maison contiguë au passage à niveau sera tenu de se rendre à l'appel de toute personne qui demandera l'ouverture des barrières (article 4).

Dans la troisième catégorie sont rangés les passages à niveau pour voitures, ouverts en moyenne, moins de cinquante fois par vingt-quatre heures. Ils seront habituellement fermés jour et nuit et ouverts à la demande des passants par l'agent logé dans la maison contiguë au passage à niveau (art. 5).

Les passages à niveau, soit pour voitures, soit pour piétons, concédés à des particuliers à charge par eux d'en assurer la manœuvre, forment la quatrième catégorie, les barrières en sont fermées à clef par les propriétaires et manœuvrées par eux sous leur propre responsabilité (art. 6).

Dans la cinquième catégorie sont rangés tous les passages à niveau publics pour piétons, isolés ou accolés à des passages pour voitures. Ces passages sont fermés par de petites barrières ou portillons que les passants ouvrent eux-mêmes à leurs risques et périls et qui se referment par leur propre poids (art. 7).

Sur les lignes où la circulation des trains est régulièrement suspendue pendant une partie de la nuit, les barrières des passages à niveau des première, deuxième et troisième catégories restent ouvertes, sauf les nécessités du service, entre le dernier train du soir et le premier train du matin (art. 8).

Lorsque l'ouverture d'une barrière sera demandée, l'agent chargé de la manœuvre devra s'assurer que les voies pourront être traversées avant l'arrivée du train. Dans ce cas il ouvrira les barrières, en commençant par celle de sortie, et les refermera immédiatement. Il devra refuser d'ouvrir lorsqu'un train arrivant sera en vue à moins de deux kilomètres, ou sera annoncé soit par la corne d'appel du garde voisin, soit par tout autre moyen.

Aux passages à niveau fermés par des barrières manœuvrées à distance, la demande d'ouverture se fera au moyen de sonnettes, et de son côté l'agent chargé de la manœuvre devra, avant de refermer la barrière, en avertir par plusieurs coups de sonnette (art. 10).

Les barrières des passages à niveau qui sont habituellement ouvertes doivent être fermées cinq minutes avant l'heure réglementaire du passage des trains réguliers ou annoncés ; on les rouvre immédiatement après le passage de ces trains.

Lorsqu'un passage à niveau voisin d'une station sera dans le cas d'être intercepté pendant plus de dix minutes consécutives par des trains en stationnement ou en manœuvre, le projet fixera, s'il y a lieu, sur la proposition de l'ingénieur en chef du contrôle et la Compagnie entendue, la durée maxima de l'interruption du passage (art. 11).

Pendant toute la partie de la nuit, où il y a des mouvements de trains et tant que les barrières sont maintenues fermées, les passages à niveau de première catégorie sont éclairés de deux feux. Ceux de deuxième catégorie d'un feu.

Le classement des passages à niveau dans chacune des catégories est réglé par des arrêtés préfectoraux qui sont soumis à l'approbation ministérielle, puis imprimés et affichés aux frais des Compagnies ou tout au moins insérés dans le recueil des actes administratifs du département (art. 13).

Les préfets ont reçu, par circulaire ministérielle du 12 septembre 1881, des instructions concernant la procédure à suivre pour l'établissement et le classement des passages à niveau.

Toutes les fois que les préfets sont saisis d'une demande tendant soit à l'établissement, soit à la modification des conditions d'établissement ou de classement d'un passage à niveau déjà construit, ils doivent la transmettre à l'inspecteur général chargé du contrôle, qui la communiquera à la Compagnie, s'il y a lieu, en l'invitant à présenter ses observations ou à préparer le projet à exécuter. Quand celle-ci aura répondu, l'inspecteur général fera examiner l'affaire par les fonctionnaires du contrôle, puis adressera au préfet le dossier avec son avis. Le préfet le transmettra, avec ses observations, à l'Administration supérieure, qui statuera sur la suite à donner à l'affaire.

Dans le cas où le projet proposé par la Compagnie aura été après examen en Conseil général des ponts et chaussées approuvé par une décision ministérielle, cette décision sera notifiée au préfet.

Dans le règlement du 7 mars 1881, que nous venons de mentionner, il est question des conditions d'ouverture et de fermeture des barrières de passage à niveau, sur les lignes dont la circulation est interrompue pendant la nuit (art. 8).

Ces dispositions ont été complétées par une circulaire ministérielle du 18 mai 1881 adressée aux Compagnies et aux inspecteurs généraux du contrôle.

« A l'occasion d'un accident, dit cette circulaire, les Compagnies de chemins de fer ont été invitées à faire connaître les mesures prises sur leurs réseaux respectifs pour assurer la sécurité aux passages à niveau des lignes à circulation interrompue pendant la nuit. Les Compagnies ont satisfait à cette invitation. Leurs réponses ont été communiquées aux différents services de contrôle pour examen et avis ; les résultats complets de l'instruction ont été soumis ensuite au comité de l'exploitation technique des chemins de fer. Après une étude approfondie du régime adopté sur chaque réseau pour la protection des passages à niveau des lignes à circulation interrompue pendant la nuit, le comité a constaté que le mode de procéder des Compagnies en cette matière, quoique différent, donnait toutes garanties de sécurité et n'avait soulevé jusqu'ici aucune réclamation. Il a, dès lors, exprimé l'avis que l'on pouvait sans inconvénient, maintenir l'état de choses actuel.

« Le comité a pensé toutefois que, dans un intérêt d'uniformité et pour faciliter à la fois l'exploitation de la voie ferrée et la circulation sur les chemins publics, il convenait d'appeler l'attention des Compagnies sur les considérations suivantes :

1° L'expérience prouve que, sur les passages à niveau des lignes qui n'ont pas de service de nuit, il n'y a lieu de maintenir les barrières fermées entre le dernier train du soir et le premier train du matin que dans les cas exceptionnels, où les faits de l'exploitation motivent une dérogation au régime d'ouverture permanent.

2° L'éclairage des passages à niveau maintenus ouverts la nuit est une bonne mesure de sécurité, qui doit être surtout appliquée aux passages de 1re et de 2e catégorie.

3° L'établissement de barrières volantes en travers de la voie ferrée n'est pas à recommander en général. Néanmoins, à défaut d'autre combinaison meilleure, l'installation de barrières semblables peut être admise pour les passages à niveau sur lesquels circulent des bestiaux ou des voitures par convoi.

4° Enfin l'affichage, dans les dépôts de machines, de la liste des passages maintenus ouverts pendant la nuit est une mesure utile à moins que la presque totalité des passages ne soient laissés ouverts (1). »

Signaux protecteurs des passages à niveau.

A la suite d'un accident survenu sur la ligne de Lyon à Grenoble, le ministre des travaux publics a invité les Compagnies par une circulaire du 30 septembre 1879 :

1° à procéder, de concert avec le service du contrôle, à une révision générale de leurs passages à niveau, en vue de déterminer ceux de ces passages qui, à raison de leur situation particulière, auraient besoin d'être protégés plus spécialement ;

(1) Citée par Palaa, *ouvrage précité*, t. 2, p. 393.

2º à proposer les mesures dont cette révision aurait fait connaître l'opportunité.

En même temps, la commission d'enquête instituée en août 1879 par M. de Freycinet, pour chercher les moyens de prévenir les accidents de chemins de fer, portait tout particulièrement ses investigations sur les mesures adoptées, pour protéger la circulation à la traversée des passages à niveau.

Dans son rapport du 8 juillet 1880 l'honorable président de cette commission faisait connaître que sur plusieurs réseaux les passages à niveau les plus dangereux étaient munis, soit de disques avancés manœuvrés par les garde-barrières et permettant de couvrir les voitures pendant le temps nécessaire à la traversée du chemin de fer, soit de signaux avertisseurs prévenant ces agents de l'approche des trains ou leur permettant de communiquer avec des postes voisins. Parmi ces signaux avertisseurs, il donnait une mention spéciale à l'appareil télégraphique imaginé par M. Jousselin, ainsi qu'aux cloches électriques.

Il concluait, au nom de la commission, « à recommander aux Compagnies l'emploi d'appareils avertisseurs ou protecteurs aux passages à niveau, eu égard à leur situation et à leur fréquentation ».

Une circulaire conforme à cette conclusion a été envoyée aux Compagnies, le 13 septembre 1880, par le ministre des travaux publics. Conformément aux prescriptions de cette circulaire et de celle du 3 septembre 1879, il a été procédé à une étude générale par le service du contrôle et les Compagnies.

Un assez grand nombre de passages à niveau ont été pourvus de disques à distance manœuvrés par les garde-barrières ou d'appareils avertisseurs.

Ces appareils sont ou automatiques ou manœuvrés par les agents. Ceux de la première classe sont commandés par des pédales ou des organes analogues et mus par l'électricité ; on peut citer les sonneries électriques avec pédales à soufflet du système Tesse et Lartigue, les sonneries avec commutateur à mercure du système Lartigue, les sonneries avec pédales à soufflet du système Leblanc et Loiseau, les sonneries du chemin de fer de Ceinture fonctionnant sous la flexion du rail. Quant aux appareils non automatiques, ils comprennent notamment les appareils Regnault et Jousselin ; les répétiteurs d'électro-sémaphores du Nord, etc. etc.

Le caractère de notre étude ne nous permet pas d'entrer dans plus de développements sur ces mesures techniques.

SECTION II

ENTRETIEN DES CLÔTURES.

Sommaire.— Obligation d'entretenir les clôtures.— Poursuites contre les Compagnies pour défaut d'entretien : cahier des charges, articles 11, 21 de la loi de 1845. — Dommages résultant du défaut d'entretien, autorité compétente pour les apprécier.

Si l'établissement des clôtures est à la charge des Compagnies, l'entretien leur incombe toujours ; en effet aux termes de l'article 30 du cahier des charges : le chemin de fer et toutes ses dépendances seront constamment entretenus en bon état de manière que la circulation y soit toujours facile et sûre. Les frais d'entretien et ceux auxquels donneront lieu les réparations ordinaires et extraordinaires seront entièrement à la charge de la Compagnie.

Le même article ajoute que si le chemin de fer une fois achevé n'est pas constamment entretenu en bon état, il y sera pourvu d'office à la diligence de l'Administration et aux frais de la Compagnie, sans préjudice, s'il y a lieu, de l'application des dispositions marquées dans l'article 40 c'est-à-dire la déchéance.

L'article 36 stipule des moyens plus énergiques pour assurer le bon entretien en cas de négligence de la Compagnie, il donne le droit au Gouvernement de saisir les revenus pendant les cinq dernières années, qui précèdent l'expiration de la concession et de les employer à rétablir le chemin de fer en bon état.

En outre, comme ces dispositions du cahier des charges ont été reproduites par l'ordonnance du 15 novembre 1846, le défaut d'entretien constitue une contravention qui entraîne l'application des peines édictées par l'article 21 de la loi de 1845 qui porte que « toute contravention aux ordonnances royales portant règlement d'administration publique sur la police, la sûreté et l'exploitation du chemin de fer... sera punie d'une amende de 16 à 3000 francs ». C'est le tribunal correctionnel qui sera appelé à connaître de l'infraction.

Enfin, on s'est demandé si le défaut d'entretien des clôtures ne constituait pas aussi une contravention de grande voirie, punie par l'article 11 de la loi de 1845.

La question s'est posée devant le Conseil d'État le 7 avril 1864 (1), mais il n'a pas eu à la résoudre, par cette raison, qu'en fait le défaut d'entretien des clôtures n'était pas constaté. La Compagnie des chemins de fer soutenait à l'appui de son pourvoi, que le simple fait d'un concessionnaire, qui s'abstient ou néglige d'exécuter les conditions de sa concession, ne peut commettre une contravention de grande voirie, que ce caractère ne saurait être attribué, qu'à des infractions positives et matériellement saisissables au moment où elles se commettent, mais que les infractions résultant de faits négatifs comme le défaut d'entretien, ne peuvent donner lieu qu'à l'exercice des pouvoirs, dont l'Administration est investie, pour faire exécuter les prescriptions imposées au concessionnaire. La Compagnie citait en ce sens différents arrêts du Conseil d'État (2). La question parut délicate au Conseil d'État, puisqu'il a cru devoir la réserver dans son arrêt.

En ce qui nous concerne, nous pensons, avec le com-

(1) Conseil d'État, 7 avril 1864, Sirey, 64.2.175.
(2) Conseil d'État, 10 septembre 1845, 25 janvier 1851.

missaire du Gouvernement, que les contraventions peuvent aussi bien s'entendre *in omittendo* qu'*in committendo*. En effet, la contravention se produit le plus souvent avec le caractère de la passivité. La loi pénale punit à chaque instant le citoyen qui a négligé, omis de faire un acte prescrit par elle. C'est ainsi qu'elle édicte des peines, pour défaut de balayage ou d'éclairage.

Mais, la Compagnie soutenait que, même si le défaut d'entretien pouvait constituer une contravention de grande voirie, l'article 11 de la loi de 1845 ne saurait lui être appliqué ; cet article dispose bien, il est vrai, que les contraventions à l'article 4, qui prescrit l'établissement des clôtures, seront poursuivies et réprimées comme en matière de grande voirie, mais on ne saurait, disait la Compagnie, faire entrer dans l'obligation d'établissement l'obligation d'entretien.

Il nous est impossible de nous ranger à cette opinion, d'après laquelle l'article 4 n'imposerait aux Compagnies l'obligation d'établir la clôture que dans le principe, et ne comprendrait pas l'entretien. L'obligation évidemment est persistante et d'ailleurs, on a peine à comprendre comment une clôture, construction toujours plus ou moins fragile, pourrait résister pendant une période d'années aussi considérable, que celle qui s'applique aux constructions ordinaires des chemins de fer. Aussi nous concluons que le défaut d'entretien constitue une contravention de grande voirie punie par l'article 11 de 16 à 300 francs d'amende.

La Compagnie n'est pas seulement tenue à l'égard

de l'Administration, mais sa responsabilité est engagée
encore vis-à-vis des tiers en cas de dommages causés
par le défaut d'entretien. Les clôtures, ayant le caractère de travaux publics, comme nous l'avons établi
dans un précédent chapitre, si le riverain se plaint de
ce que leur défaut d'entretien a été cause d'un préjudice qu'il a éprouvé, il portera son action devant le
Conseil de préfecture, qui aux termes de l'article 4 de
la loi du 28 pluviôse an VIII doit connaître des réclamations des particuliers des torts et dommages causés
par les travaux publics.

On a soutenu cependant, que les dommages causés
par le défaut d'entretien des clôtures ne provenaient
point de l'exécution de travaux publics, mais d'une
négligence ou d'une faute commise dans l'exploitation,
et que l'action en responsabilité devait être engagée
devant l'autorité judiciaire.

La doctrine et la jurisprudence sont en sens contraire. L'entretien d'un ouvrage public est une conséquence
de l'opération des travaux publics à la suite de laquelle
cet ouvrage a été fait ou si l'on veut une conséquence
de l'existence même de cet ouvrage, car l'individualité
survit à la période de construction. Le défaut d'entretien peut donc être considéré comme l'inexécution d'un
travail public et les réclamations auxquelles cette
inexécution donne lieu sont de la compétence du Conseil de préfecture (1).

(1) V. Aucoc, *ouvr. précité*, t. 2, n° 1502 ; Christophle et Auger,
t. 2, p. 450, n° 2405 ; Perriquet, *Travaux publics*, t. 2, p. 282.

M. Laferrière dit, dans son traité de jurisprudence administrative : « L'accident causé par le défaut de solidité de l'ouvrage, par la défectuosité de ses dispositions ou de ses matériaux, par l'usure, la vétusté, le défaut d'entretien, a le caractère d'un dommage imputable à l'ouvrage public ; la jurisprudence du Conseil d'État s'est prononcée en ce sens et elle a été acceptée par la Cour de cassation et le tribunal des conflits (1). »

Nous trouvons de très rares décisions de jurisprudence en cette matière (2), car, comme nous le verrons plus loin en étudiant le but des clôtures, elle les a presque toujours considérées comme délimitatives ou uniquement prescrites dans l'intérêt de l'exploitation et a généralement repoussé les demandes en indemnité des propriétaires. Nous nous bornerons à citer un arrêt du tribunal des conflits du 22 avril 1882 (3) qui admet la compétence du Conseil de préfecture :

« Considérant que l'article 4 de la loi du 28 pluviôse an VIII s'applique sans distinction à tous les dommages résultant de l'inexécution des travaux publics et que la compétence administrative, qui n'est pas limitée au cas où le dommage se manifeste pendant leur exécution, subsiste lorsqu'il survient après leur achèvement. »

Cette théorie a été repoussée par la Cour de cassation

(1) Laferrière, *Traité de la juridiction administrative et du recours contentieux*, t. 2, p. 150.
(2) C. de cassation, 23 juillet 1867, D. 67.1.327.
(3) Trib. des conflits, Sirey, 84.3.25.

dans un arrêt du 14 décembre 1892 (1), dans lequel
elle s'est déclarée compétente pour rendre une Compagnie de chemin de fer responsable d'un accident, qui
avait entraîné la mort du mécanicien, accident dû à
l'introduction sur la voie, par suite du mauvais état des
clôtures, de bestiaux qui avaient fait dérailler la locomotive. Elle se fondait sur le motif que l'action en dommages-intérêts formée contre le concessionnaire était
fondée sur un quasi-délit. Le quasi-délit consistait dans
l'infraction par la Compagnie à l'obligation générale,
qui lui était imposée, de prendre toutes les mesures nécessaires pour assurer la sécurité des voyageurs et des
employés, et à cet effet elle aurait dû, pour assurer la
sécurité des trains, surveiller l'état des clôtures et exécuter les travaux nécessaires.

Nous soutenons la compétence administrative : « en
effet, dit M. Laferrière, ce qui milite en faveur de l'attribution de la compétence du Conseil de préfecture, ce
sont des considérations pratiques de simplicité et d'u-
nité de juridiction, il peut y avoir des actes administratifs à interpréter. Si les tribunaux judiciaires sont
saisis de la demande en indemnité, il faudra que par
une question préjudicielle les tribunaux administratifs
soient saisis de l'interprétation de l'acte, complication
inutile. »

(1) C. de cassation, 14 décembre 1892, Sirey, 96.1.526 ; — en ce
sens, Tribunal de Rouen, 18 juin 1878, *France judiciaire*, III, 2.781 ;
Cour de Poitiers, 20 juillet 1876, *France judiciaire*, I, 2.27.

Les travaux d'entretien sont exécutés par un service spécial du chemin de fer, lui-même surveillé par une section du contrôle ; mais en ce qui concerne les clôtures, l'entretien est confié généralement à des tâcherons ou entrepreneurs spéciaux. La dépense annuelle d'entretien et de renouvellement peut être évaluée au maximum, à 0 fr. 15 par mètre courant (1).

L'échenillage des haies vives peut être compris dans les travaux d'entretien. Des lois des 26 ventôse an IV et 21 mai 1836 et le décret du 16 décembre 1811, rappelés par les circulaires ministérielles des 19 décembre 1848 et 14 mars 1849, ont prescrit l'échenillage annuel des haies vives. Cet échenillage doit avoir lieu chaque printemps avant le 20 mars. Les bourses, bagues et toiles enlevées sur les haies vives seront brûlées aussitôt après l'opération, avec les précautions nécessaires pour prévenir tout accident.

(1) Palaa, *Dictionnaire des chemins de fer*, t. I, p. 398.

CHAPITRE IV

But poursuivi par l'établissement des clôtures et des barrières des passages à niveau.

SECTION I.

CLÔTURES FIXES.

Sommaire. — Les clôtures ne constituent pas un simple bornage, ni une mesure prescrite dans l'intérêt exclusif de la Compagnie, comme le veulent l'Administration et la jurisprudence. Elles ont été établies pour assurer la sûreté de l'exploitation et la sécurité du public. Les riverains pourront donc s'en prévaloir en cas d'accident pour actionner en responsabilité la Compagnie qui aura enfreint les prescriptions de l'article 4 de la loi de 1845.

Si nous nous reportons à notre premier chapitre, dans lequel nous avons mentionné les explications, qui ont été données pour motiver la prescription de l'article 4, nous nous rappelons que le but qu'on avait voulu atteindre était d'assurer la sûreté de l'exploitation et la sécurité du public, d'éviter les nombreux accidents, que l'accès libre occasionnait, sans distinguer entre les victimes.

En conflit avec le législateur, la jurisprudence s'est fait une tout autre idée du but de la clôture. Elle a soutenu le plus souvent que les clôtures étaient purement délimitatives et nullement défensives, et dans les espèces où elle a reconnu un caractère défensif à la clôture, elle a considéré que cette mesure était prescrite dans l'intérêt unique des Compagnies, sans que les propriétaires pussent s'en prévaloir et se soustraire à toutes les obligations de surveillance qui pèsent sur eux, quel que soit l'état des clôtures, leur défaut d'entretien.

Dans de nombreux documents (1), elle a donc d'une part posé en principe que la clôture constituait un simple bornage avec les propriétés riveraines.

Il faut reconnaître que c'est là un avis partagé par bien des auteurs (2) et que l'on retrouve dans bien des instructions ministérielles. Dans un rapport joint au pourvoi formé devant le Conseil d'État vidé par décision du 24 décembre 1863 (3), le ministre des travaux publics s'exprimait ainsi :

« On ne saurait prétendre que, dans les localités où s'exerce l'industrie du pacage des bestiaux, les Compagnies de chemins de fer sont dans l'obligation de donner à leur clôture une résistance suffisante pour

---

(1) Conseil d'État, 7 août 1874 ; Tribunal de la Seine, 20 décembre 1877, D. P. 78.3.80 ; Tribunal de Rouen, 20 juin 1878, D. P. 78.3.80 ; Cassation, rejet, 29 août 1882, D. P. 83.1.127 ; Tribunal de Caen, 23 janvier 1887, *Recueil des arrêts de Rouen*, 1888, p. 45 ; Cour d'appel de Paris, 25 novembre 1892, D. P. 93.2.473 ; Tribunal de Nogent-le-Rotrou, 20 mai 1899.

(2) Lamé-Fleury, *Code annoté des chemins de fer*, 3ᵉ édition, p. 3 et 739 ; Aucoc, *Conférences de droit administratif*, nº 1377 ; Block, *Dictionnaire des lois administratives*, p. 467.

(3) Conseil d'Etat, 24 décembre 1863, D. P. 64.3.39.

s'opposer à l'introduction du gros bétail livré à sa propre et intelligente impulsion. Si le libre pacage expose les clôtures à certaines dégradations, c'est aux éleveurs à en supporter les conséquences, si mieux ils n'aiment prendre des mesures pour se garantir des contraventions dont ils demeurent responsables. Du reste toute l'argumentation repose sur cette idée que les Compagnies de chemins de fer doivent donner aux clôtures une résistance pour ainsi dire illimitée et que cette résistance doit être maintenue par un entretien suffisant. Cette doctrine est inadmissible, les clôtures sont plus *séparatives que défensives,* elles n'ont le caractère défensif que par le sentiment du respect de la propriété d'autrui que commande toute clôture. »

Une circulaire ministérielle du 5 juillet 1879 donne la même définition du caractère de la clôture telle que l'entend l'Administration.

« Le caractère de la clôture n'est point d'être défensif au sens où le serait une barrière, il n'est pas nécessaire qu'elle offre une résistance plus ou moins sérieuse à l'effraction, il suffit qu'elle détermine d'une manière bien apparente l'*enceinte du chemin* de fer, la *limite* que les passants et les propriétaires des terrains contigus doivent respecter (1). »

Quoique nous devions nous trouver en désaccord

---

(1) V. avis du ministre des travaux publics. Conseil d'Etat, 7 avril 1862.

avec la jurisprudence et l'Administration, nous ne saurions considérer la prescription de l'article 4 de la loi de 1845 comme une opération de bornage, comme une délimitation. Le plus souvent, il est vrai, la clôture sera établie sur la ligne tracée par les pieux plantés à la suite du bornage, mais loin de suivre invariablement cette voie, ce qui serait indispensable, s'il s'agissait d'une délimitation, elle s'en écartera fort souvent laissant en dehors des clôtures des dépendances incontestables des chemins de fer. Dans tous les passages à niveau, dans certains chemins d'accès, dans les environs d'un grand nombre de travaux d'art, la clôture et la ligne de limite ne se confondent nullement. Lorsque le chemin de fer sera longé par une route nationale dépendant comme lui du domaine public, que viendra faire la clôture au point de vue de la délimitation, puisque les deux voies appartiennent au domaine public? Et cependant l'Administration exigera dans ce cas des clôtures très résistantes, ce qui montre bien leur véritable but.

Les textes nous confirment que c'est à tort qu'on veut attribuer aux clôtures le caractère délimitatif. En effet, si elles servent de délimitation, pourquoi l'article 29 du cahier des charges prescrit-il, une fois les travaux terminés et les clôtures posées, de procéder au bornage? Que signifie cette opération, si la délimitation est juste et emplacée sur le terrain par la clôture ?

Si nous remontons d'autre part à l'article 4 de la loi

de 1845, nous constatons que la clôture n'a rien de commun avec une délimitation, c'est une mesure de police et de sûreté, on le dit à chaque instant dans les travaux préparatoires. « La clôture, disait M. Daru, est le plus puissant moyen de conservation et de police, c'est une grande mesure d'ordre, aussi l'avons-nous placée en tête et comme au frontispice de notre loi (1). » Ces explications sont répétées avec non moins de netteté et de fermeté par le rapporteur M. Persil (2). Dans l'exposé des motifs présenté par le ministre à la Chambre, elles se trouvent reproduites et confirmées (3).

Enfin, des lois postérieures ont permis d'affranchir les chemins de fer dans certains cas de l'obligation de la clôture, ce qui prouve que ces prescriptions de sûreté et de police n'ont nullement pour objet des opérations de bornage. C'est ce que reconnaissent avec une incontestable autorité MM. Féraud-Giraud (4), Lacointa (5) et Picard (6).

Donc ce n'est point là une question de bornage, mais une mesure de défense dictée par une loi de police dans un intérêt de sécurité publique, mais alors la

(1) *Moniteur officiel*, 31 mars 1844.

(2) *Moniteur officiel*, 1er avril 1844.

(3) *Moniteur officiel*, 15 juin 1844.

(4) Féraud-Giraud, *Régime légal des propriétés riveraines des chemins de fer*.

(5) Lacointa. Note sous l'arrêt de Cassation du 20 août 1882, Sirey, 83.1.129.

(6) Picard, *Traité des chemins de fer*, t. 2, p. 789.

jurisprudence a changé sa formule, et après avoir reconnu que dans l'établissement des clôtures on n'a eu en vue que la délimitation des voies ferrées et non leur défense, elle a soutenu dans un second système, que; dût-on leur attribuer un caractère défensif, elles n'étaient exigées que dans l'intérêt exclusif des chemins de fer, sans que les propriétaires riverains pussent s'en prévaloir et se plaindre de leur insuffisance ou de leur mauvais état (1).

C'est ainsi, que par application de ce principe, la Cour de cassation a décidé, qu'une Compagnie ne saurait être déclarée responsable de l'accident survenu à un animal, qui a pénétré sur la voie par une brèche résultant du mauvais état des clôtures et a été surpris par un train.

« Attendu, disait l'arrêt, que les prescriptions de la loi du 15 juillet 1845 et de l'ordonnance du 15 novembre 1846 se réfèrent dans leur ensemble à la conservation, à la police et à la sûreté de l'exploitation des chemins de fer ; — qu'ainsi, les clôtures, qui doivent être établies en exécution de l'article 4 de la loi de 1845 des deux côtés et sur toute l'étendue de la voie,

---

(1) Conseil d'Etat, 24 mai 1859, Lebon,. p. 384 ; Conseil d'Etat, 7 avril 1864, Lebon, p. 337 ; Cour de Caen, 1er avril 1868 ; Cour de Poitiers, 29 juillet 1876 ; Tribunal Seine, 20 décembre 1877, D. P. 78.3.80 ; Tribunal Rouen, 28 juin 1878, D. P. 78.3.80 ; Cour de cassation, 29 août 1882, note de M. Lacointa, Sirey, 83.1.129 ; Bourges, 7 février 1885, S. 86.2.107 ; Paris, 29 novembre 1887, Lamé-Fleury, 1888, p. 137 ; Trib. de Lille, 27 décembre 1888, Lamé-Leury, 1889, p. 92 ; Cour de cassation, 14 décembre 1892, rapp. de M. Féraud-Giraud, D. P. 93.1.489.

sont destinées à en défendre l'accès à toute personne
étrangère au service ; attendu, dès lors, que cette obligation imposée aux Compagnies dans le but exclusif
d'assurer la sécurité de l'exploitation ne saurait avoir
pour conséquence de créer au profit des propriétaires
riverains un droit individuel de se plaindre de l'insuffisance ou du défaut d'entretien des dites clôtures et
de réclamer la réparation du préjudice qu'ils préten-
dent en être la suite » (1).

Un arrêt de la Cour suprême de Suède a statué dans
le même sens.

Un train d'une Compagnie de chemins de fer avait
écrasé deux vaches, appartenant à Laisson, qui d'une
propriété riveraine de celui-ci, avaient pénétré sur la
voie par une ouverture existant dans la clôture et provenant d'un défaut d'entretien. Laisson demanda à
la Compagnie de l'indemniser du préjudice qu'il avait
subi. D'après la Compagnie, les voies ferrées ne devaient
pas être comprises parmi les propriétés vis-à-vis desquelles les voisins ont le droit d'exiger une clôture
d'après la loi du 21 décembre 1857. C'était au contraire
aux propriétaires riverains qu'incombait l'obligation
d'empêcher par une haie ou autrement leurs bestiaux
de pénétrer sur la voie ; au cas de négligence de leur
part ils devaient en supporter les conséquences. Les
barrières établies ordinairement le long de la voie,

---

(1) Cour de cassation, 29 août 1882, D. P. 83.1.127.

l'étaient pour la sécurité même du chemin de fer. Le tribunal de 1ʳᵉ instance de Venersborg dont la décision fut confirmée successivement par la Cour d'appel de Gotha et la Cour suprême donna gain de cause à la Compagnie (1).

La jurisprudence a été plus loin et non seulement elle a refusé aux propriétaires toute action en dommages-intérêts, mais, elle a encore jugé, qu'ils ne pourraient se prévaloir de l'absence de clôture pour échapper à la responsabilité des dommages causés par l'introduction sur la voie ferrée d'animaux, qui leur appartiennent et dont ils ont la garde et la surveillance (2). C'est ce que vient de décider tout récemment le tribunal de Nogent-le-Rotrou.

Dans la nuit du 5 au 6 janvier 1898 un accident survenait près de la Ferté-Bernard. Un bœuf appartenant à M. P... s'échappait de son herbage, franchissait la haie mal entretenue et s'engageait sur la voie. Un train de denrées le tamponna. Après avoir traîné l'animal sur une longueur de 300 mètres environ, la machine dérailla, deux fourgons furent brisés et un employé de la Compagnie fut tué.

Malgré les protestations de tous les riverains de la ligne Paris-Brest, la Compagnie de l'Ouest réclama au

_____

(1) Arrêt rapporté par M. Beauchet, professeur à la Faculté de Droit de Nancy, *Journal de droit international privé*, année 1887, p. 759.

(2) Bourges, 7 décembre 1885, Sirey, 86.2.107.

propriétaire 6.900 francs pour avaries causées à la voie
et au matériel.

Le tribunal de Nogent-le-Rotrou a accueilli la demande de la Compagnie et a condamné l'éleveur, déclarant que les herbagers doivent veiller sur leurs animaux pour les empêcher de pénétrer sur la voie (1).

L'Administration s'était depuis longtemps prononcée
en ce sens. Dans une circulaire adressée aux préfets le
21 janvier 1852 le ministre des travaux publics s'exprimait ainsi :

« Des accidents se sont produits sur les chemins de
fer par suite de l'introduction dans l'enceinte du chemin de fer de bœufs, qui, en l'absence ou par défaut
de surveillance de leur gardien, ont rompu les clôtures
et se sont engagés sur la voie.

« Il importe essentiellement dans un intérêt d'ordre
et de sécurité que vous apprécierez de prévenir autant
que possible le retour de pareils faits et de rappeler dans
ce but aux propriétaires riverains qui font ou laissent
paître leurs bestiaux dans le voisinage immédiat des
chemins de fer, qu'ils doivent veiller avec soin à ce que
ces bestiaux soient gardés attentivement et qu'ils soient
responsables personnellement des faits dommageables
que produit l'invasion des animaux. »

(1) La jurisprudence a cependant déclaré les Compagnies responsables, dans le cas où elles auraient pris vis-à-vis des riverains, devant le jury d'expropriation ou dans le traité de cession amiable,
l'engagement d'établir des clôtures défensives destinées à empêcher
l'irruption des animaux sur la voie. Paris, 29 novembre 1892, D. P.
93.2.473.

Ces instructions sont reproduites dans des circulaires du 14 octobre 1876 et du 24 décembre 1880.

En se plaçant à ce nouveau point de vue, qui consiste à attribuer à la clôture un caractère défensif dans l'intérêt exclusif du chemin de fer, la jurisprudence et l'Administration se heurtent aussi à de graves objections.

En effet, le législateur, en créant un établissement dangereux comme le chemin de fer, doit veiller à la sécurité publique que la voie nouvelle compromet. Or si des mesures de police, comme l'établissement des clôtures, sont prises pour prévenir tous dangers et tous accidents, comment peut-on admettre que le législateur qui les a prescrites n'a agi que dans l'intérêt de la partie du public qui se trouve dans l'intérieur des clôtures et non de celui qui se trouve à l'extérieur, alors qu'il y a des accidents à redouter de part et d'autre.

Nous reconnaissons, sans doute, que l'introduction d'une personne victime de ce fait est un accident moins grave que celui qui proviendrait du déraillement d'un train et que l'on doit rechercher avant tout la sécurité de l'exploitation, mais enfin la vie des hommes est également digne de sollicitude, qu'ils se meuvent au titre de voyageur ou indépendamment de ce titre. Pour un bœuf qui fera dérailler un train, il y aura quantité de personnes et de menu bétail, écrasés sans que l'on puisse reprocher aux Compagnies le mauvais entretien ou le défaut des clôtures. Aussi, nous ne comprenons

pas cette distinction qui implique l'abandon du plus
grand nombre. « Elle est si peu acceptable, dit M. Féraud-Giraud dans un rapport à la Cour de cassation (1),
et si contraire à la nature de la mesure qu'il faudrait
qu'elle fût formellement écrite pour pouvoir être
faite. »

Or, si nous nous reportons aux travaux préparatoires
de la loi de 1845, nous ne trouvons nulle part la justi-
fication de cette distinction. En prescrivant la clôture,
on voulait éviter les nombreux accidents, que l'accès
libre sur la voie pourrait entraîner sans distinguer entre les victimes. Écoutons M. Daru : « En Belgique,
chacun peut franchir les voies à ses risques et périls, en
France on est entré dans un système différent, on veut
que les chemins soient clos, qu'on n'y puisse pénétrer
par curiosité, imprudence ou malice. » Dans l'exposé
des motifs le ministre des travaux publics formulait la
même pensée : « Tout chemin de fer doit être clos et
séparé des propriétés riveraines par des murs, haies,
ou poteaux avec lisses, barrières ou par des fossés. Un
chemin de fer n'est pas une voie ordinaire, la précaution d'une clôture peut prévenir une foule d'accidents (2). »

Dans ces différentes explications, nous ne voyons pas
que le public du dehors soit exclu des mesures prescrites au sujet des clôtures.

(1) Cour de cassation, 14 décembre 1892, D. P. 93.1.491.
(2) Duvergier, *Collection des lois*, 1845, p. 280.

On a dit : ce qui prouve que c'est dans l'intérêt seul de l'exploitation que les clôtures sont prescrites, c'est que des lois postérieures à celle de 1845 ont autorisé l'Administration à décharger dans certains cas les Compagnies de cette obligation. Nous répondrons qu'on pose ainsi de nouveau la question au lieu de fournir les moyens de la résoudre.

Les lois du 12 juillet 1865, du 11 juin 1880 et du 26 mars 1897 autorisent en effet l'Administration à dispenser dans certains cas les Compagnies de la clôture, mais cette dispense n'est accordée, que lorsqu'elle est compatible avec la sûreté de l'exploitation et la sécurité du public.

Si l'article 4 de la loi de 1865 permet aux préfets d'exonérer dans certaines conditions les lignes d'intérêt local, l'instruction du 12 août 1865 relative à l'exécution de cette loi porte : « cette faculté a été introduite dans la loi dans un but d'économie et il conviendra d'en faire usage, partout où elle pourra se concilier avec la sûreté de l'exploitation et la sécurité du public. »

L'article 1er de la loi du 26 mars 1897 reproduit ces dispositions : « Le ministre des travaux publics peut sur tout ou partie des chemins de fer d'intérêt général dispenser d'établir ou de maintenir des clôtures fixes le long des voies ferrées et de barrières mobiles à la traversée des routes de terre peu fréquentées, toutes les fois que cette mesure lui paraît compatible avec la sû-

reté de l'exploitation et la sécurité du public. » Voilà
bien précisé le double but de la clôture, la sûreté de
l'exploitation en deçà, la sécurité du public au delà.
L'argument invoqué par la jurisprudence se retourne
contre elle.

On a objecté encore que la clôture établie par un propriétaire sur son fonds a pour objet l'utilité de ce propriétaire et non celle du voisin. Nous ne relèverions pas
cette objection, si le chemin de fer était un voisin ordinaire, mais c'est un voisin terrible, exposant incessam-
ment gens et bêtes par suite de la moindre inattention
à de très graves dangers. On ne doit pas appliquer aux
chemins de fer les lois ordinaires du voisinage, mais les
principes qui régissent les établissements dangereux.
Il nous semble, en effet, que l'on peut très bien assimiler la clôture des chemins de fer à celle qui est imposée
aux propriétaires de carrières à ciel ouvert, même
abandonnées. Ce n'est pas à coup sûr pour la sécurité
des carrières mais du public étranger à leur exploitation que cette prescription existe. Il en est de même très
souvent du chemin de fer ; voici une ligne établie en
déblai, dans une tranchée profonde, dans des rochers
à pic, le tout constituant de vrais précipices ; nous ne
croyons pas que dans ce cas on puisse soutenir que la
clôture n'est établie que dans l'intérêt seul de l'exploitation.

La vérité est qu'en fait, c'est surtout pour le public,
beaucoup plus que pour l'exploitation que la clôture a

de l'intérêt; il y a très peu d'exemples de déraillements causés par les bestiaux, les animaux seuls sont atteints et rejetés hors de la voie. Aussi on a fait cette constatation singulière que les Compagnies loin de réclamer cette mesure, que l'on considère comme si indispensable pour leur exploitation, ont protesté toujours énergiquement, avant et après la loi de 1845, contre cette obligation de la clôture et se sont toujours efforcées de s'y soustraire, alors que les riverains qui devraient être sans intérêt, se sont sans cesse plaints des dispenses accordées aux Compagnies. Devant cette observation, comment peut-on soutenir que l'intérêt des riverains n'a pas été pris en considération ?

Est-ce à dire que les Compagnies seront obligées de construire le long des voies ferrées d'épaisses murailles, comme il est arrivé de le plaider. Nous n'allons pas jusque-là, mais si l'accident eût pu être empêché par la Compagnie en établissant les clôtures prescrites par l'Administration et en les entretenant convenablement, nous soutenons que ce sera sur elle que devront retomber les conséquences du défaut d'établissement et du mauvais entretien.

Un riverain sera par conséquent recevable à réclamer des dommages-intérêts à une Compagnie, si un animal, dont il est propriétaire, est tué ou blessé sur la voie, après y avoir pénétré sans briser aucune barrière, soit que la clôture présente une brèche ou une solution de continuité, soit qu'elle fasse totalement défaut, alors que la Compagnie n'était pas dispensée de l'établir.

La Compagnie est en faute, pour ne pas s'être conformée aux règlements auxquels elle est impérieusement astreinte, et on doit lui faire l'application des règles du droit commun, obligeant celui par la faute duquel un dommage a été causé à le réparer.

Notre manière de voir trouve un appui dans une jurisprudence du Conseil d'État, sur les faits d'introduction involontaire d'animaux sur la voie. Elle a décidé que ces faits, qui constituent des contraventions de grande voirie réprimées par un arrêt de 1759, ne seraient pas punissables lorsque les Compagnies n'auraient pas établi et entretenu régulièrement les clôtures, considérant que, dans ce cas, la faute de la Compagnie absorbe celle du riverain (1).

Pourquoi la jurisprudence qui permet d'un côté au riverain de relever la faute de la Compagnie pour se disculper, s'excuser d'une contravention, ne l'autoriserait-elle pas de l'autre à tirer les conséquences juridiques de la négligence de la Compagnie et à actionner cette dernière en responsabilité?

Néanmoins le riverain ne sera pas déchargé de tout fait d'imprudence. Il pourra arriver que, malgré la négligence de la Compagnie, son action sera justement repoussée, s'il a commis une faute tellement grave

---

(1) Conseil d'État, 7 avril 1876, Lebon, p. 336 ; Conseil d'État, 13 février 1880, Sirey, 1881.3.55 ; — V. M. Aucoc, *Conférences sur le droit administratif*, t. 3, 2ᵉ éd., nº 1628, p. 816.

qu'on doive lui imputer l'entière responsabilité de l'accident, il pourra arriver surtout que l'examen des circonstances relèvera une double faute, une double cause du fait dommageable, un tort certain de la part du riverain, en même temps qu'une faute de la Compagnie ; lorsqu'il y aura ainsi une faute commune, des éléments ayant concouru des deux côtés à l'événement, la responsabilité du défendeur pourra en être amoindrie par le reproche légitimement adressé à son adversaire, mais la responsabilité de la Compagnie ne demeurera pas moins engagée (1).

Lorsque, en vertu des dispositions légales postérieures à la loi de 1845, l'Administration a été autorisée à dispenser les Compagnies de clore la voie, la question doit être examinée à un tout autre point de vue, le défaut de clôture ou son irrégularité ne peuvent être considérés comme une faute à la charge de la Compagnie à laquelle on ne peut reprocher de n'avoir pas fait ce qu'elle était autorisée à ne pas effectuer et dans ce cas sa responsabilité disparaît avec la cause qui la faisait naître (2). Toutefois il est bon de rappeler que les dispenses, qui lui sont exclusivement profitables, et qui sont édictées dans un intérêt purement financier au détriment de la sûreté publique, ne sont accordées qu'aux risques et périls de la Compagnie, qui seule en profite, et que dans chaque affaire les tribunaux auront

(1) Alger, 7 mai 1894, D. P. 95.2.364.
(2) Conseil d'Etat, 14 mai 1875.

à examiner, si des circonstances autres que le simple défaut d'établissement de clôture n'entraîneraient pas sa responsabilité.

Pour nous résumer, nous dirons que la thèse de la jurisprudence qui voit dans la clôture une mesure prescrite dans l'intérêt exclusif de l'exploitation est inadmissible dans sa formule absolue.

Sans doute les clôtures doivent principalement servir à tenir la voie libre et à éviter aux convois la rencontre d'obstacles, qui pourraient mettre en péril la vie des voyageurs qui s'y trouvent ou du personnel qui les conduit. Cependant il ne faut pas perdre de vue que le législateur a prescrit la clôture, comme mesure de police destinée à prévenir toutes espèces d'accidents, les Compagnies devront donc être déclarées responsables, lorsqu'elles auront enfreint les prescriptions édictées par l'article 4 de la loi de 1845.

SECTION II

BARRIÈRES ET PORTILLONS.

Sommaire. — Distinction faite par la jurisprudence entre le but des clôtures et celui des barrières : les barrières sont destinées à protéger tout à la fois la circulation sur la voie ferrée et sur la voie de terre. Elles sont établies aussi bien dans l'intérêt des propriétaires riverains que dans celui de la Compagnie. Aussi, alors que la jurisprudence repousse toutes actions en dommages-intérêts pour les accidents provoqués par le défaut ou le mauvais entretien des clôtures, elle les accueille pour les accidents survenus aux passages à niveau, en cas de négligence de la part des Compagnies et d'inobservation des prescriptions réglementaires. — Portillons.

S'il a pu être soutenu par la jurisprudence que les clôtures des chemins de fer ne sont qu'une indication de la limite de la propriété des chemins de fer ou qu'une défense établie dans l'intérêt de l'exploitation, et que les lacunes qu'elles peuvent offrir ou leur état de détérioration ne peuvent être invoqués contre les Compagnies pour les rendre responsables des accidents, il en est tout autrement des barrières établies sur les chemins publics. Ces chemins sont affectés à la circulation des hommes et des animaux et la faculté, donnée aux Compagnies de les intercepter, implique nécessairement l'obligation d'une surveillance rigoureuse, dont les règlements d'administration publique ont déterminé le mode.

Nous devons signaler ce considérant qui contient la distinction faite par la jurisprudence entre le but des clôtures et celui des barrières de passage à niveau.

« Attendu que, si en règle générale l'intérêt des propriétaires riverains n'a pas été pris en considération dans la disposition légale, qui oblige les Compagnies à établir des clôtures des deux côtés et sur toute l'étendue de la voie et si l'obligation d'établir ces clôtures a été imposée aux Compagnies dans le but principal d'assurer la sécurité de l'exploitation, il en est autrement en ce qui concerne les passages à niveau, où le chemin de fer emprunte sur une partie de son parcours le sol d'une route ou d'une voie publique ; que sur ces points de la ligne la Compagnie est, sous peine d'être coupable

de faute ou de négligence, tenue non seulement d'assurer la sécurité de l'exploitation mais encore celle du
public qui a le droit de circuler sur cette partie de la
voie. »

Aussi, alors que la jurisprudence repousse à tort selon nous les actions en dommages-intérêts intentées
contre une Compagnie pour les accidents provoqués
par le défaut ou le mauvais entretien des clôtures, elle
les accueille pour les accidents survenus aux passages
à niveau, quand la Compagnie ne s'est pas conformée
aux dispositions arrêtées par l'Administration pour la
manœuvre, l'établissement, et l'entretien des barrières
et que cette circonstance a contribué à provoquer l'accident.

C'est ce qu'a jugé par exemple le tribunal civil de la
Seine le 21 avril 1875 (Briard contre la Compagnie
d'Orléans).

Une dame X... et son fils avaient été tués sur un
passage à niveau, alors que ce passage n'avait point
ses barrières fermées conformément aux prescriptions administratives et que le garde avait abandonné
son poste (1).

En cas d'accidents arrivés à des bestiaux qui s'étaient
introduits sur la voie d'un chemin de fer par une barrière restée indûment ouverte, on a décidé que la Com-

(1) Tribunal Seine, 20 décembre 1862 ; Tribunal de Lyon, 13 février 1863 ; Lyon, 12 juin 1884 ; Bordeaux, 22 décembre 1890, Lamé-
Fleury, 1891, page 110, *La Loi*, 7 février 1891.

pagnie ne pouvait exciper de la faute ou de l'incurie du propriétaire ou du gardien à la surveillance duquel les bestiaux ont échappé ; cette faute n'est qu'une cause tout à fait secondaire de l'événement dont la cause véritable ne peut être attribuée qu'à l'inobservation des obligations imposées à la Compagnie.

Tels sont les motifs qui ont déterminé la Cour de Poitiers à confirmer par un arrêt du 20 juillet 1876 le jugement du Tribunal de Bressuire qui avait condamné la Compagnie d'Orléans à payer à un sieur Belian une somme de 1000 francs dans une espèce où, deux bœufs et un taureau conduits au pacage, avaient échappé à leur gardien, s'étaient introduits avant le passage du dernier train sur la voie du chemin de fer de Niort à Bressuire, par la barrière d'un passage à niveau restée ouverte contrairement aux règlements, avaient suivi la voie et avaient été heurtés et écrasés par un train.

Certaines lignes ou certains passages à niveau de ces lignes sont soustraits légalement à l'obligation des barrières et du gardiennage, dans ce cas la responsabilité de la Compagnie ne saurait être engagée à la suite d'un accident résultant du seul défaut des barrières (1). On ne saurait en effet lui imputer à faute de n'avoir pas pris certaines précautions, dont elle a été régulièrement dis-

(1) Tribunal des Andelys, 1er mai 1872 ; Cour d'Angers, 3 mai 1875 ; Tribunal de Corte, 13 novembre 1883 ; Douai, 30 avril 1890 ; Tribunal de Lille, 15 janvier 1891 ; Amiens, 2 mai 1893 ; Alger, 7 mai 1894, D. P. 94.2.364 ; Cour de cassation, 24 avril 1894, D. P. 94.1. 331.

pensée, elle n'a fait qu'user de son droit. Il appartient aux passagers de s'informer des heures de passage des trains et de prendre les précautions voulues avant de s'engager sur la voie ; ces précautions doivent être prises en dehors des heures de circulation normale des trains : car des circonstances imprévues peuvent apporter des perturbations dans la marche des convois.

« Il n'est pas admissible que par cela seul qu'un passage à niveau est libre et ouvert, il n'y ait aucune précaution à prendre par les voyageurs, qui, au contraire, doivent avoir d'autant plus de prudence qu'ils ont plus de liberté de circulation.

« Considérant qu'à la vérité cette prudence n'est pas exigée au même degré au moins, lorsqu'une enceinte de chemin de fer d'intérêt général, habituellement fermée par des barrières, est ouverte au public, qu'elle l'est alors par le fait et sous la responsabilité de la Compagnie ; mais qu'il en est tout autrement d'un passage à niveau d'un chemin de fer d'intérêt local constamment ouvert, où il n'y a ni barrières ni employés indiquant que l'on peut passer sans risques ; que ces passages s'effectuent sous la propre responsabilité des particuliers qui doivent y apporter les soins d'une prévoyance au moins ordinaire (1). »

En conséquence, une Compagnie régulièrement dispensée ne peut pas être déclarée responsable par cet

_____

(1) Cour d'Angers, 3 mai 1875.

unique motif que le passage à niveau n'était pas fermé par une barrière. Aucune faute ne peut être relevée à son encontre puisqu'elle s'est conformée aux ordres de l'Administration.

Une voiture, s'étant engagée sur la voie à un passage à niveau, qui venait d'être classé dans la 3ᵉ catégorie, où les passages à niveau restent complètement ouverts et ne sont munis ni de barrières ni de gardes, fut tamponnée par un train qui tua le cheval, brisa le brancard et la voiture. Le propriétaire assigna la Compagnie en dommages-intérêts. La responsabilité de la Compagnie résultait, d'après le demandeur, de cette circonstance que le passage à niveau, quoique très dangereux, n'était pas muni de barrières.

Le tribunal civil de Nancy accueillit la demande, par jugement en date du 11 février 1891. Mais sur pourvoi de la Compagnie, la Cour de cassation a cassé le jugement par les motifs suivants :

« Attendu que le jugement attaqué, pour condamner la Compagnie du chemin de fer de l'Est à réparer le préjudice causé à D..., par la perte de son cheval tué par un train dans la traversée d'un passage à niveau, s'est fondé uniquement sur ce que ladite Compagnie a commis une imprudence de nature à engager sa responsabilité en ne munissant pas le passage dont il s'agit de barrières manœuvrées par un garde à son service.

« Attendu qu'il résulte du jugement lui-même qu'un arrêté préfectoral en date du 2 mai 1874, approuvé le

14 juin 1881 par le ministre des travaux publics au moment où la ligne a été incorporée dans le réseau général, a classé ce passage dans la 3ᵉ catégorie, et que l'article 5 de cet arrêté dispose que les passages à niveau de cette catégorie resteront complètement ouverts et ne seront pas munis de barrières ni gardés ; que cet arrêté a été pris et l'approbation ministérielle donnée en vertu des pouvoirs conférés à l'Administration par les lois du 12 juillet 1865 et du 27 décembre 1880 ; qu'on ne pouvait dès lors imputer à faute à la Compagnie le seul défaut des barrières et de gardiens quels que fussent les inconvénients qui pouvaient en résulter eu égard à l'état des lieux, puisqu'elle en avait été régulièrement dispensée ; d'où il suit qu'en décidant le contraire, sans relever à la charge de la Compagnie ou des agents aucune faute, négligence ou imprudence dans l'exploitation, le jugement attaqué a faussement appliqué et par suite violé les articles 1382 et 1383 du Code civil (1). »

Néanmoins l'irresponsabilité de la Compagnie cesse, quand tout en se conformant aux prescriptions administratives, elle n'a pu donner des garanties suffisantes de sécurité et a commis une imprudence tombant sous l'application des articles 1382 et 1383 du Code civil. C'est ainsi que pour déclarer une Compagnie responsable de l'accident dont un piéton avait été victime, la

(1) Cour de cassation, 19 avril 1893, D. P. 93.1.494.

Cour de Grenoble s'est fondée sur le défaut de prudence dont cette Compagnie avait fait preuve en se bornant à éclairer l'un des côtés du passage à niveau et à y placer un garde, sans prendre les mêmes mesures pour l'autre barrière fermée par un crochet (1).

Cet arrêt a été déféré à la Cour de cassation pour empiètement sur les attributions administratives, mais la Cour suprême l'a maintenu (2).

Dans son Code annoté, M. Lamé-Fleury critique cette double décision que nous venons de rappeler : à ses yeux, il y eut sinon violation du principe de la séparation des pouvoirs, du moins critique indirecte des dispositions arrêtées par le ministre des travaux publics ; en outre il fait observer que la fermeture de la barrière indiquait suffisamment l'interdiction du passage (3).

M. Picard, dans son traité des chemins de fer, sans dénier à l'autorité judiciaire le droit de déclarer les Compagnies responsables de négligence ou d'imprudence, reconnaît que la Cour de Grenoble et la Cour de cassation sont entrées dans une voie dangereuse, au point de vue du respect de la séparation des pouvoirs (4).

Nous pensons avec M. Féraud-Giraud (5), que les tribunaux judiciaires appelés à juger une affaire, à raison

(1) Grenoble, 19 janvier 1863.
(2) Cassation, 19 août 1863.
(3) Lamé-Fleury, *Code annoté des chemins de fer*, p. 513.
(4) Picard, *Traité des chemins de fer*, t. III, p. 513.
(5) Féraud-Giraud, *Régime légal des propriétés riveraines du chemin de fer*, n° 391.

de laquelle, on reproche à une Compagnie d'avoir été par sa faute la cause d'un accident, ne sont pas tenus de constater exclusivement, si elle s'est conformée aux instructions de l'Administration, alors qu'ils déclarent que cette exécution a été insuffisante pour repousser le danger et prévenir l'accident. En cela ils n'empiètent pas sur les fonctions administratives et ne font qu'une application régulière des articles 1382 et 1383.

Il y a faute, entraînant la responsabilité, dès qu'il y a inobservation des règlements, mais de ce que cette inobservation ne peut être relevée, il ne s'ensuit pas qu'il n'y ait pas une faute résultant de maladresse, imprudence, inattention et négligence. Les règlements des passages à niveau, pour nous en tenir à ces matières spéciales, sont comme tous les règlements conçus en vue d'un service normal et, pour satisfaire à la situation générale de ces passages, prévoir les cas exceptionnels pour en faire les motifs de dispositions inutilement gênantes pour l'ensemble du service, n'eût été ni possible ni sage.

Dès lors les Compagnies et leurs employés devront, pour dégager leur responsabilité, exécuter rigoureusement les prescriptions de ces règlements et si leur inobservation est la cause d'un accident, leur responsabilité sera engagée. Mais, si en dehors des prescriptions générales du règlement, par suite de la situation des lieux, ou des circonstances exceptionnelles, où l'on se trouvait au moment de l'accident, il était nécessaire de prendre ces précautions particulières que la prudence la plus vulgaire commande, et si on ne les a pas prises et qu'il en résulte un accident, cet accident sera le résultat d'une négligence, qui engagera la responsabilité de la Compagnie et des agents, sans que la décision qui la constatera puisse être considérée comme une critique directe ou indirecte des règlements administratifs.

La jurisprudence s'est définitivement fixée en ce sens et la Cour de cassation a jugé, que la dispense accordée à une Compagnie de chemins de fer, d'établir des barrières n'affranchit pas la Compagnie des précautions à prendre pour prévenir les conséquences fâcheuses, qui pourraient, à un moment donné, résulter de cette dispense même (1). Elle doit notamment, comme l'a décidé la Cour d'Alger, dans un arrêt du 7 mai 1894, ne pas obstruer la vue par des plantations, de manière à empêcher les personnes, qui s'engagent sur la voie, d'apercevoir en temps utile les trains en marche (2).

« Attendu qu'il résulte des constatations de l'expert que les plantations d'eucalyptus et une haie d'acacias formaient un obstacle à la vue et que l'œil d'un voyageur même assis sur une banquette de voiture et placé par conséquent à 2 mètres 30 centimètres au-dessus du sol, ne pouvait apercevoir la voie, c'est-à-dire voir arriver les trains assez tôt pour en éviter le passage ; — attendu

---

(1) Civil rejet, 11 novembre 1891, D. P. 92.1.427.
(2) Alger, 7 mai 1894, D. P. 95.2.364. V. aussi Civ. cass., 4 février 1895, D. P. 96.1.75.

que la Compagnie a commis une faute en plantant et en laissant subsister aux abords du passage à niveau des arbres et une haie dont la hauteur et le feuillage épais constituaient un obstacle et créaient ainsi pour les personnes obligées de traverser le passage un danger permanent, elle est donc tenue de réparer le préjudice qu'elle a causé. »

Portillons. — Les portillons sont des passages destinés aux piétons, établis à côté des passages à niveau demeurant plus ou moins longtemps fermés.

Ils sont généralement manœuvrés par les passants à leurs risques et périls.

Le règlement du 7 mai 1881, adopté pour la Compagnie Paris-Lyon-Méditerranée, qui porte dans son paragraphe 7, que « les passages pour piétons sont fermés par de petites barrières ou portillons que les passants ouvrent eux-mêmes à leurs risques et périls et qui se referment par leur propre poids », semble bien décider que ces passages ne sont pas sous la surveillance de garde-barrières et que l'absence d'un de ces derniers, au moment où un piéton est surpris par un train, ne constitue pas de la part de la Compagnie une faute, pouvant engager sa responsabilité.

De nombreux arrêts ont été rendus en ce sens (1).

---

(1) Douai, 15 juillet 1885 ; Trib. Lille, 15 janvier 1891, Lamé-Fleury, 1891, p. 69 ; Douai, 6 février 1893, D. P. 95.1.516; Amiens, 2 mai 1893, *Journal le Droit*, 2 août 1893 ; en sens contraire, Lyon, 2 juin 1896, *La Loi*, 26 septembre 1896 ; Grenoble, 9 février 1897, D. P. 98.2.46.

Il a été jugé par la Cour de Douai, le 6 février 1893, que la Compagnie du Nord n'était pas responsable de l'accident survenu à une personne, qui ayant ouvert un portillon et ayant pénétré sur la voie, a été tuée par un convoi, alors même que la Compagnie n'avait pas préposé un agent à la garde du portillon.

« Attendu, disait l'arrêt, qu'il est établi que la victime s'est introduite par le portillon, qu'il est constant que ce passage uniquement réservé aux piétons ne doit jamais être fermé, que le portillon est seulement retenu par une fermeture que tout passant peut faire jouer en dehors de toute surveillance, qu'il peut ainsi pénétrer sur la voie et la traverser librement, mais à ses risques et périls. »

Cet arrêt soumis à la Cour de cassation a été suivi d'un rejet à la date du 3 juillet 1894, qui sans engager la question de principe, est fondé sur ce que en fait l'arrêt attaqué constatait que l'accident était dû tout entier à la faute et à l'imprudence de la victime, qui pouvait, avant de s'engager sur la voie, voir venir le train, qui l'avait heurtée, de plus de 1000 mètres.

Un arrêt de la Cour d'Amiens du 22 octobre 1896 (1) a exonéré la Compagnie du Nord par les mêmes considérants que ceux de la Cour de Douai.

« Considérant que la victime a pénétré sur la voie par le portillon réservé aux piétons, et que cette constata-

(1) Amiens, 22 octobre 1896, *Le Droit*, 16 janvier 1897.

tion suffit pour exonérer la Compagnie de toute responsabilité, attendu que les passages à niveau pour piétons
accolés aux passages à niveau pour voitures sont ouverts et franchis par les piétons à leurs risques et périls
et n'ont pas de garde spécial. »

La jurisprudence en a décidé autrement, lorsqu'un
arrêté ministériel portait que ces passages devaient
demeurer sous la surveillance des garde-barrières,
comme l'a prescrit un arrêté du ministre des travaux
publics du 12 juillet 1879 relatif au service des passages
à niveau des chemins de fer du Midi (1).

(1) Civil rejet, 12 juin 1888, D. P. 89.1.141. Lamé-Fleury, *Code
annoté*, p. 876. Carpentier et Maury, t. 1, p. 484, n° 1679.

CHAPITRE V

Contraventions.

SECTION I

DÉGRADATION, BRIS DE CLOTURE, ESCALADE.

Sommaire. — Les dégradations faites aux clôtures constituent des contraventions réprimées par l'article 2 de la loi de 1845, qui renvoie aux lois et anciens règlements qui ont pour objet d'assurer la conservation des routes. Doit-on appliquer de plein droit aux chemins de fer les lois et règlements de grande voirie postérieurs à la loi de 1845 ? Peut-on faire l'application de l'article 11 de la loi de 1845 à ces contraventions ?
Lorsque la dégradation est faite avec intention malveillante, le fait incriminé constitue à la fois une contravention de grande voirie et un délit.
Escalade des clôtures.

Les dégradations faites aux clôtures des chemins de fer constituent des contraventions de grande voirie en vertu de la loi de 1845, qui classe les chemins de fer dans la grande voirie et autorise l'Administration à s'armer pour leur conservation des « lois et règlements sur la grande voirie qui ont pour objet d'assurer la conservation des fossés, talus, levées et ouvrages d'art dépendant des routes et d'interdire sur toute leur étendue le pacage des bestiaux et les dépôts de terre et autres objets quelconques » (article 2).

Les dispositions visées par cet article sont pour la plupart antérieures à la Révolution ; parmi celles qui se

rapportent plus spécialement à notre matière, on peut
citer : l'Arrêt du Conseil du 17 juin 1721, l'Ordonnance
du 4 août 1731, l'Ordonnance royale du 4 août 1752, l'Ordonnance du bureau des finances de Paris sur la police
et la conservation des grands chemins dans l'étendue
de la généralité, du 18 juin 1665, l'Ordonnance du bureau des finances de Paris du 17 juillet 1781 qui défen-
dit « à tous propriétaires, fermiers et locataires de
terres et héritages aboutissant aux routes et grands
chemins et à tous bergers et conducteurs de troupeaux
d'endommager par leurs labours, leurs bestiaux ou autrement, les arbres, charmilles, haies vives ou sèches
plantées le long des dites routes et chemins sous peine
de tous dommages et intérêts et de 50 livres d'amende »,
et qui ordonne en outre : « que tous ceux qui auront
arraché lesdits arbres ou les auront coupés, écorchés
ou cernés clandestinement entre deux terres, seront
poursuivis suivant la rigueur des ordonnances et condamnés en outre, à 500 livres d'amende » ; enfin la loi
du 29 floréal an X, qui dispose « que les contraventions
en matière de grande voirie, telles qu'anticipations, dépôts de fumier ou d'autres objets et toutes espèces de
détériorations commises sur les grandes routes, sur les
arbres qui les bordent, sur les fossés, ouvrages d'art
et matériaux destinés à leur entretien seront constatées,
réprimées et poursuivies par voie administrative ».

La jurisprudence a fait de nombreuses applications
de ces dispositions.

Le 7 août 1874, le Conseil d'État a confirmé un arrêté du Conseil de préfecture de Seine-et-Oise condamnant les sieurs D... pour bris de clôtures. Les textes visés étaient, indépendamment des lois du 29 floréal an X et du 15 juillet 1845, les deux ordonnances de la Généralité de Paris du 18 juin 1665 et du 17 juillet 1781 (1).

Dans d'autres espèces, le Conseil d'État a annulé des décisions de Conseils de préfecture se déclarant à tort incompétents pour connaître de dégradations faites aux barrières dépendant d'un chemin de fer, « attendu qu'ils méconnaissaient les pouvoirs qu'ils tiennent de l'article 2 de la loi de 1845 et de la loi du 29 floréal an X » (2).

L'article 2 n'a-t-il eu en vue que la législation antérieure et doit-on appliquer de plein droit aux chemins de fer les lois et règlements concernant les routes, postérieurs à la loi de 1845 ?

Le Conseil d'État s'est prononcé pour la négative.

Le ministre se fondant, sur ce que les faits consignés dans un procès-verbal constatant qu'une barrière de passage à niveau avait été dégradée par la voiture d'un sieur C..., constituaient une contravention à l'article 9 de la loi du 30 mai 1851 sur la police du roulage, dont les dispositions seraient applicables aux chemins de fer en vertu de la loi de 1845, demandait la réformation de l'arrêté du Conseil de préfecture qui avait repoussé l'action. Le Conseil d'État, le 10 février 1888, rejeta le pourvoi en répondant :

(1) Conseil d'Etat, 7 août 1874, *Recueil de Lebon*, p. 850.
(2) Cons. d'Etat, 4 décembre 1891 ; Cons. d'Etat, 9 août 1892.

« Que, d'une part, l'article 9 de la loi de 1851 sur la police du roulage, ne réprime que le fait d'avoir causé un dommage aux routes ou à leurs dépendances ; d'autre part, si l'article 2 de la loi de 1845 a rendu applicables aux chemins de fer les lois et règlements sur la grande voirie, qui ont pour objet d'assurer la conservation des fossés, talus et ouvrages d'art dépendant des routes, la disposition de cet article, qui ne concerne que la législation antérieure, ne saurait avoir pour effet d'étendre, de plein droit, dans l'avenir aux chemins de fer des lois ayant un autre objet et que le législateur ne leur a pas manifesté la volonté de leur rendre applicables ; qu'ainsi c'est avec raison que le Conseil de préfecture a refusé de condamner à l'amende par application de l'article 9 de la loi de 1851 (1). »

Le Conseil d'État a eu raison de statuer en ce sens, il suffit d'ailleurs de se reporter à l'énumération des voies, auxquelles s'appliquent les dispositions de la loi de 1851, telle qu'elle est contenue dans l'article 1er : routes nationales, départementales et chemins vicinaux de grande communication, et à celle des agents ayant qualité pour prononcer les contraventions, pour constater que la législation n'a aucunement entendu que la loi dont il s'agit fût applicable aux voies ferrées.

Pour prévenir toute difficulté, le décret beylical de

(1) Cons. d'Etat, 10 février 1888, D. P. 89.3.44. V. aussi Cons. d'Etat, 16 mars 1888 ; Cons. d'Etat, 16 janvier 1891 ; en sens contraire, Conseil de préfecture de la Seine, 7 juin 1876, 9 juin 1882, 9 mars 1887.

Tunis du 16 octobre 1897 porte : « sont applicables aux chemins de fer les lois et règlements intervenus ou à intervenir, qui ont pour objet d'assurer la conservation des fossés... ».

La répression des dégradations faites aux clôtures se trouve donc dans les lois et règlements prévus par l'article 2 de la loi de 1845, mais en dehors de ces derniers l'Administration a cherché si elle ne pouvait pas faire l'application de l'article 11 de la même loi, article qui punit d'une amende de 16 à 300 fr. les contraventions au titre premier de la loi.

La question présentait de l'intérêt au point de vue de la pénalité ; en effet l'ordonnance royale du 4 août 1751 prononce une amende de 500 francs au lieu de 300 ; d'autre part la loi du 27 floréal an X, qui est en général appliquée, ne prononce pas d'amende et permet seulement d'ordonner la réparation du dommage causé par la contravention et de condamner le contrevenant aux fins du procès-verbal.

L'application de cet article n'a pas laissé de soulever de nombreuses controverses.

Atteignait-il seulement les contraventions aux prescriptions textuellement et directement formulées dans les articles 3 et suivants du titre premier de la loi de 1845, ou bien ses dispositions étaient-elles générales et s'appliquaient-elles aussi aux contraventions, pour lesquelles l'article 2 renvoie aux lois et règlements sur la grande voirie ?

La question fut posée pour la première fois devant le Conseil d'État dans l'affaire Ajasson de Grandsagne (1), le 9 août 1851.

Le contrevenant, qui avait été traduit devant le Conseil de préfecture du Cher, pour bris de clôture limitant le chemin de fer, avait été condamné à 500 francs d'amende. Il appela de cette condamnation au Conseil d'État en se fondant sur ce qu'on lui avait fait l'application d'une amende supérieure à celle autorisée par l'article 11 de la loi de 1845 et partant excessive et arbitraire.

Le ministre soutint le pourvoi, estimant que les dispositions de l'article 11 sont générales et se réfèrent à toutes les contraventions prévues par le titre premier.

Le commissaire du Gouvernement soutint l'opinion opposée, déclarant que l'article 11 n'était pas général, qu'il ne s'appliquait qu'aux contraventions nouvelles, spéciales aux chemins de fer, prévues seulement par les articles 3 et suivants; quant à celles spécifiées par l'article 2, c'est-à-dire à celles déjà prévues et punies par les anciens règlements relatifs aux chemins, il estimait qu'elles devaient être réprimées en vertu de ces règlements et frappées des amendes, qui y sont portées.

Le Conseil d'État ne se prononça pas d'une façon formelle; il réduisit, il est vrai, à 300 francs l'amende de 500, mais le laconisme de la décision ne permet pas de

(1) M. Lebon en rapportant dans son recueil d'arrêts la décision du Conseil, croit devoir repousser l'opinion de M. le commissaire du Gouvernement.

savoir, si ce sont des raisons de fait ou de droit qui ont motivé sa décision (1).

Depuis, il a tranché la question. Aux termes d'un arrêt du 17 mars 1894 (2) l'amende de 16 à 300 francs édictée par l'article 11 n'est applicable qu'aux contraventions prévues par les articles 3 et suivants du titre premier. En ce qui concerne les contraventions aux lois et règlements de grande voirie rendus applicables aux chemins de fer par l'article 2, les pénalités édictées par ces règlements doivent seules leur être appliquées.

« Considérant, dit l'arrêt, que la loi de 1845, en déclarant purement et simplement applicables aux chemins de fer les lois et règlements sur la grande voirie rappelés par son article 2, a par cela même maintenu toutes les dispositions y compris celles fixant les pénalités encourues ; qu'ainsi si les articles suivants ont prévu un certain nombre de contraventions nouvelles, c'est à ces contraventions seulement que peut s'appliquer le paragraphe 1er de l'article 11 portant qu'elles seront constatées, poursuivies et réprimées comme en matière de grande voirie ; qu'il suit de là, que ces contraventions sont aussi les seules, qui soient punies des amendes édictées par le paragraphe 2 du même article. »

Bien avant que la jurisprudence se fût prononcée en

(1) 9 août 1851, Lebon, p. 583.
(2) Cons. d'Etat, 17 mars 1894, D. P. 95.3.40.

ce sens, M. Dufour dans son *Traité de droit administratif*
avait soutenu la même opinion (1).

« A ne consulter que le sens littéral de l'article 11,
disait-il, la pénalité fixée par lui serait applicable à toutes les contraventions en matière de police de chemin
de fer. Cependant l'article 2 de la loi déclare expressé-
ment que les faits qu'il spécifie seront régis par les lois
et règlements de voirie ; d'un autre côté la pensée du
législateur n'a pas été certainement de déroger à la législation de voirie pour l'énerver. Ce n'est pas pour la
compléter par un surcroît de précautions qu'il a pris la
parole. La sanction pénale qu'il a établie n'est donc faite
dans ce qu'elle a de particulier que pour les prescriptions nouvelles. Tout ce qui est règlement ancien a sa
sanction dans ces mêmes règlements. »

Nous ne saurions accepter cette solution, car la distinction faite entre les prescriptions anciennes et les
nouvelles est assez difficile à concilier avec les termes
généraux de l'article 11 qui réprime toutes les contraventions au titre Ier de la loi de 1845. Or contrevenir
aux dispositions des règlements que l'article 2 rend
applicables aux chemins de fer, c'est contrevenir au
titre premier, car le simple renvoi produit bien le même
effet juridique. Cette solution, comme nous l'avons vu,
présente de l'intérêt au point de vue de la pénalité, mais
à ce point de vue seulement car, d'après les anciens

(1) Dufour, *Droit administratif*, t. 3.

règlements comme d'après la loi de 1845 on doit suivre les règles générales de procédure établies en matière de grande voirie. C'est donc le Conseil de préfecture qui se trouve investi, en vertu de la loi du 29 floréal an X (1), de la répression de ces contraventions.

Lorsque la dégradation à la clôture est faite avec intention malveillante, elle constitue un délit tombant sous l'application de l'article 456 du Code pénal ainsi conçu :

« Quiconque aura en tout ou en partie comblé des fossés, détruit des clôtures, de quelques matériaux qu'elles soient faites, coupé ou arraché des haies vives ou sèches, quiconque aura déplacé ou supprimé des bornes, ou pieds cormiers ou autres arbres plantés ou reconnus pour établir des limites entre différents héritages, sera puni d'un emprisonnement qui ne pourra être au-dessous d'un mois, ni excéder une année, et d'une amende qui ne pourra être au-dessous de 50 francs. »

Le fait incriminé constitue alors une contravention de voirie et un délit. Dans ce cas le Conseil de préfecture se bornera à statuer sur la contravention, le fait considéré comme délit devra être déféré aux tribunaux correctionnels. Le Conseil d'État a eu l'occasion d'appliquer

(1) Rebel et Juge, *ouvrage précité*, n° 622 ; Féraud-Giraud, *Régime légal des propriétés riveraines du chemin de fer*, n° 604 ; Aucoc, *Conférences de droit administratif*, t. 3, n° 1629 ; Picard, *Traité des chemins de fer*, t. 2, p. 482.

cette règle dans un arrêt du 9 août 1851 à l'encontre d'un riverain qui avait enlevé des marnes le long d'un chemin de fer et avait détruit une haie d'échalas pour faciliter cet enlèvement. Le Conseil décida que le contrevenant, à raison de ce fait, avait été justement l'objet d'une double poursuite : la première devant le tribunal correctionnel pour bris de clôture (art. 456 du Code pénal), la seconde devant le Conseil de préfecture pour contravention aux lois et règlements sur la grande voirie.

Le fait d'escalader les clôtures suivi d'introduction et de circulation irrégulière sur la voie ferrée constitue une infraction à l'article 61 de l'ordonnance de 1846, qui défend à toutes personnes étrangères au service des chemins de fer de s'introduire dans leur enceinte, d'y circuler, d'y stationner. L'amende encourue peut s'élever de 16 à 3.000 francs (art. 21 loi de 1845), elle est prononcée par les tribunaux correctionnels (1).

Les agents de la force publique et les personnes autorisées à circuler sur la voie ferrée pour l'exercice de leurs fonctions (2) ne sauraient pénétrer sur la voie que par les entrées et ouvertures pratiquées à cet effet, ils

(1) Chalon-sur-Saône, 7 juillet 1879, Lamé-Fleury, 1880, p. 123.

(2) L'article 62 de l'ordonnance de 1846 excepte de la défense de circuler sur la voie, les maires, commissaires de police, gendarmes et autres agents de la force publique, les employés des douanes, des contributions indirectes et des octrois. En outre les Compagnies ont souvent accordé avec l'agrément de l'Administration la faculté de circuler sur la voie à certaines catégories de fonctionnaires publics. Une circulaire du 7 juin 1896 autorise même les Compagnies à délivrer directement aux fonctionnaires des permis de circuler.

seraient passibles de la peine édictée par l'article 21 s'ils s'introduisaient en franchissant les clôtures (1).

L'escalade a lieu quelquefois en sens contraire quand un voyageur, par exemple, pour éviter le contrôle ou pour tout autre motif, quitte l'enceinte des chemins de fer en escaladant les barrières. Un jugement du tribunal correctionnel de Mâcon du 8 février 1858, cité par Palaa, a condamné à 1 franc d'amende un voyageur qui était sorti dans ces conditions. Les Compagnies ne sauraient exercer une surveillance trop étroite à cet égard, car le fait, d'échapper au contrôle des agents, est toujours suspect et peut se rattacher quelquefois à des actes criminels.

Le fait par le ministre des travaux publics ou le préfet de dispenser une Compagnie d'établir des clôtures n'entraîne pas l'abrogation de la défense pour le public de circuler sur la voie ferrée.

SECTION II

DES CLOTURES AU POINT DE VUE DE L'INTRODUCTION DES ANIMAUX SUR LA VOIE.

Sommaire. — Défense d'introduire les animaux sur la voie, application de l'article 64 de l'ordonnance de 1846. Répression de l'introduction des animaux en dehors de la volonté du maître, par l'arrêt du Conseil du 16 décembre 1759. Jurisprudence du Conseil d'Etat : cas où les clôtures ne sont pas en état ou ne sont pas conformes aux prescriptions administratives, cas où la Compagnie est dispensée de clôtures. Critique de cette jurisprudence et du

(1) Colmar, 22 juillet 1858, *Recueil des arrêts de Colmar*, 1858, p. 190.

texte de l'article 61 de l'ordonnance de 1846. Application de l'article 19 de la loi de 1845.

Le pacage et la divagation des animaux sur la voie ferrée constituent des infractions dont la répression a soulevé de nombreuses difficultés. Ces difficultés sont nées principalement de ce que la question des clôtures est liée à celle de l'introduction des animaux sur la voie.

Ce fait est réprimé par l'article 61 de l'ordonnance de 1846 qui porte : « Il est défendu à toute personne étrangère...

3° d'y introduire des chevaux, bestiaux ou animaux d'aucune espèce », et par l'article 2 de la loi de 1845, qui rend applicables aux chemins de fer tous les anciens règlements destinés à protéger les routes.

Pendant longtemps, l'Administration n'avait pas songé à réclamer l'application de ces règlements, elle pensait que les voies ferrées étaient suffisamment prémunies, contre les dangers, pouvant résulter pour la circulation des trains de la présence d'animaux abandonnés sans surveillance, par les dispositions de l'article 61, mais la Cour de cassation ayant jugé à deux reprises différentes (1) que l'article 61 ne visait que les faits d'introduction volontaire, en se basant sur ce que cet article défend d'introduire et non de laisser introduire, cet article perdait son utilité pratique, les bestiaux se

_____

(1) Cour de cassation, 19 mai 1855, Sirey, 1855.1.505; Cour de cassation, 3 avril 1858, Sirey, 1858.1.559.

répandant d'ordinaire sur les voies ferrées de leur propre mouvement et sans y être conduits.

Le Conseil d'État refusa dès lors de condamner toutes
les fois qu'un dommage n'avait point été causé, considérant qu'aucune disposition législative ne permettait de prononcer une amende contre un propriétaire à
raison de la présence d'un de ses animaux sur la voie.

Pendant longtemps on avait décidé qu'il n'y avait
aucune sanction pénale possible, mais en présence du
danger, que pouvait entraîner la divagation des animaux sur la voie, l'Administration chercha s'il n'y avait
pas dans l'ancienne législation une disposition permettant de réprimer ces faits dangereux pour la circulation (1).

Ce n'est qu'à partir de 1867 que l'Administration

---

(1) On raconte que Georges Stephenson interrogé sur ce qui arriverait, si une locomotive venait à rencontrer une vache, aurait répondu : « beaucoup de mal pour la vache », il aurait dû ajouter « et
pour la locomotive ».

On estime en moyenne aux Etats-Unis, à 2 ou 3 par mois, le nombre
des accidents imputables au bétail errant sur la voie.

. Le bulletin du ministère des travaux publics, année 1885, signale
quelques accidents survenus aux Etats-Unis pendant le mois d'avril
1884.

Dans la nuit du 16 avril, un train de marchandises de l'Union-Pa-
cific a rencontré deux mules, qui vaguaient sur la ligne. La machine et 8 wagons ont été jetés hors de la voie.

Dans la nuit du 29, un train de voyageurs du Baltimore Ohio près
de Mount-Vernon a déraillé par suite de la rencontre de vaches.

Enfin dans la matinée du 30, un train de marchandises sur le
Marshville a rencontré une vache, la machine a été jetée hors de la
voie et renversée sens dessus-dessous.

pensa à un arrêt du Conseil du 16 décembre 1759. Voici le texte de cet ancien règlement :

« Fait Sa Majesté très expresses inhibitions et défense à tous pâtres et autres gardes et conducteurs de bestiaux, de les conduire en pâturage ou de les laisser répandre sur les bords des grands chemins plantés soit d'arbres, soit de haies d'épine ou autres à peine de confiscation des bestiaux (1) et cent livres d'amende, de laquelle amende, les maîtres, les pères et chefs de famille et propriétaires seront et demeureront civilement responsables. » Le paragraphe final portait :

« Ordonne Sa Majesté que par les gardes tant des bois, que ceux des ecclésiastiques, communautés et gens de main-morte, même de propriétaires particuliers, il sera dressé procès-verbaux et rapports des contraventions au présent arrêt pour les parties des grands chemins seulement formés dans l'intérieur des dits bois. »

Ce paragraphe semblait restreindre cet arrêt aux parties des routes situées dans les bois.

Le Conseil d'État (2) a repoussé cette interprétation restrictive et a décidé que l'arrêt de 1759 était dans sa teneur applicable aussi bien en dehors qu'à la traversée

---

(1) La peine de la confiscation a disparu de nos lois. Dans la législation actuelle, on applique la mise en journées, au sujet de laquelle la disposition suivante est inscrite à l'article 68 de l'ordonnance de 1846 : « Les chevaux ou bestiaux abandonnés, trouvés dans l'enceinte du chemin de fer, seront saisis et mis en journées. »

(2) Conseil d'Etat, 21 novembre 1873, Sirey, 75.2.276.

des bois ; s'il a prescrit aux agents forestiers de constater
les contraventions commises sur les sections en forêt,
le but de cette prescription a été exclusivement de rendre plus efficace et plus active la surveillance confiée
aux agents des ponts et chaussées et de la police locale,
en leur assurant le concours des gardes forestiers, sur
les points où les gardes étaient spécialement appelés par
leur service et où les plantations étaient plus spécialement menacées.

Depuis 1867, le Conseil d'État n'a cessé d'admettre
l'application de cet arrêt, pour réprimer toute introduction d'animaux sur la voie, en dehors de la volonté
du maître, alors même que les talus de chemin de fer
n'étaient pas plantés et que les voies étaient pour-
vues de clôtures sèches ou métalliques.

Assimiler des clôtures à des plantations et se servir
d'une disposition destinée à punir des faits de dépais-
sance, pour réprimer surtout la présence d'un animal
sur la voie, était osé, et on comprend, que près de
vingt ans se soient écoulés depuis la loi de 1845, avant
qu'on ait trouvé cette arme, bien qu'elle existât depuis
1759.

Toutefois comme les Compagnies sont tenues, sauf
exception, de clore les chemins de fer, de placer des
barrières aux passages à niveau, d'établir leurs clôtures
suivant le type déterminé par l'Administration, de les
maintenir en bon état d'entretien et de manœuvrer
leurs barrières conformément aux règlements, le Con-

seil d'État a toujours eu soin d'examiner si les faits d'introduction ne coïncidaient pas avec un défaut de conformité entre ces clôtures et le type approuvé, avec un vice dans leur entretien et notamment une solution de continuité ou avec l'ouverture des barrières de passage à niveau à une heure à laquelle elles auraient dû être fermées. Lorsqu'il s'est trouvé en présence d'irrégularités, il a jugé que la contravention commise par la Compagnie excusait et effaçait la contravention commise par les inculpés et il a renvoyé ces derniers des fins des procès-verbaux dressés contre eux.

Dans ce cas la faute de la Compagnie, comme le dit une décision judiciaire, absorbe celle du riverain (1).

« Si un animal s'est introduit sur la voie ferrée par une brèche résultant du défaut d'entretien, dit le commissaire du Gouvernement, Marguerie, dans un rapport où il donne l'analyse de la jurisprudence du Conseil d'État sur la question (2), le Conseil d'État n'a pas condamné le propriétaire ou le gardien de l'animal à l'amende édictée par l'arrêt de 1759.

« Est-ce par ce motif que cet ancien règlement exigeait que les plantations établies le long des grandes routes formassent une véritable clôture ? En aucune façon, cet ancien règlement parle de haies, il est vrai, mais il parle aussi de plantations d'arbres et il n'entendait pas

---

(1) Poitiers, 20 juillet 1876 ; V. Lacointa, note à l'arrêt de cassation du 29 août 1882, dans Sirey, 83.1.129.

(2) Conseil d'Etat, 3 février 1882, Lebon, p. 131.

assurément que les arbres fussent plantés à une distance assez rapprochée les uns des autres pour ne laisser libre aucun intervalle. Mais le Conseil d'État a estimé, que dans cette hypothèse, les Compagnies ont manqué aux obligations, qui leur sont imposées par l'article 4 de la loi de 1845, et que dès lors la contravention à reprocher à la Compagnie, prime pour ainsi dire et fait disparaître la contravention à reprocher au simple particulier. »

Pour préciser la question, il nous reste à énoncer les décisions les plus intéressantes intervenues sur les différents points.

Le Conseil d'État a jugé que le fait d'avoir laissé des bestiaux s'introduire sur la voie ferrée constitue une contravention de grande voirie passible de l'amende prononcée par l'arrêt du Conseil de 1759, alors du moins qu'il a constaté que la clôture était continue, établie d'après le type adopté par l'Administration et régulièrement entretenue (1), fût-elle faible et insuffisante pour opposer une résistance (2).

« Considérant que l'arrêt du Conseil du 16 septembre

(1) Conseil d'Etat, 14 août 1867 ; Conseil d'Etat, 15 janvier 1868 ; Conseil d'Etat, 18 août 1869 ; Conseil d'Etat, 21 novembre 1873 ; Conseil d'Etat, 30 avril 1875; Conseil d'Etat, 7 août 1876 ; Conseil d'Etat, 25 décembre 1876 ; Tribunal Seine, 20 décembre 1877 ; Tribunal Rouen, 28 juin 1878, D. P. 78.3.80 ; Conseil d'Etat, 13 février 1880, 4 mars 1881, 11 mars 1881, 29 juillet 1881, 6 janvier 1882 ; Conflits, 22 août 1882 ; Conseil d'Etat, 5 décembre 1884, 1er mai 1885, 4 décembre 1885, 3 décembre 1886, 6 août 1887, 3 et 8 août 1888, 21 mars 1890, 19 décembre 1890, 4 mars 1894.

(2) Conseil d'Etat, 15 décembre 1876, 1er mai 1885, 9 mars 1894.

1759 fait défense à peine de cent livres d'amende, de laisser répandre les bestiaux sur les bords des grands chemins plantés, soit d'arbres, soit de haies d'épines et autres ; que l'article 2 de la loi du 15 juillet 1845 déclare applicable aux chemins de fer les lois et règlements sur la grande voirie, qui ont pour objet d'assurer la conservation des fossés, talus, levées et ouvrages dépendant des routes ;

« Considérant qu'il est constaté par le procès-verbal qu'à la date du 20 juillet 1883, un cheval s'est introduit sur la voie ferrée ; qu'il résulte de l'instruction que la clôture n'était pas discontinue ; que dès lors c'est avec raison que le Conseil de préfecture a condamné le propriétaire à une amende et aux frais (1). »

La contravention existe, alors même que la clôture ne serait pas conforme au modèle que la Compagnie s'était engagée à établir par une convention passée avec un riverain.

Un propriétaire, poursuivi devant le Conseil de préfecture, pour avoir laissé ses moutons s'introduire sur la voie ferrée, faisait valoir que si la clôture était construite d'après les prescriptions de l'Administration, elle ne répondait pas aux conditions souscrites par la Compagnie avec le riverain de la voie au moment de la vente des terrains. Le Conseil de préfecture l'avait renvoyé des fins du procès-verbal ; sur pourvoi du ministre, le

_____

(1) 1er mai 1885, Lebon, p. 283.

Conseil d'État, le 19 décembre 1890, l'a condamné à l'amende :

« Considérant que le propriétaire n'établit pas que la clôture de la voie ferrée ne fût pas conforme au mode admis par l'Administration supérieure, ni qu'elle présentât des solutions de continuité au point où elle a été franchie par les moutons lui appartenant ; que, dans ces circonstances, le fait d'avoir laissé les dits moutons s'introduire dans l'enceinte constitue une contravention à l'arrêt du Conseil du 16 décembre 1759 et à la loi du 15 juillet 1845. »

Il y a aussi contravention si l'introduction a eu lieu par un passage à niveau à un moment où les barrières étaient réglementairement ouvertes (1). En effet, la Compagnie, en faisant ce qu'elle était autorisée à effectuer, n'a commis aucune faute, pouvant servir d'excuse au riverain.

« Considérant que, dans la nuit du 23 au 24 octobre 1885, deux chevaux ont pénétré sur la voie ferrée par un passage à niveau dont les barrières étaient régulièrement ouvertes, conformément à l'arrêté du préfet de la Mayenne du 30 juin 1881, approuvé par le ministre des travaux publics le 3 août suivant ; que le fait d'avoir laissé des chevaux s'introduire dans l'enceinte du chemin de fer constitue une contravention à l'arrêt de 1759,

(1) Conseil d'Etat, 16 avril 1880, 5 août 1881, 3 décembre 1886, 16 mars 1888, 27 mars 1888, 5 juillet 1889.

rendu applicable aux chemins de fer par l'article 2 de la loi du 15 juillet 1845 (1). »

Le fait que l'animal, introduit sur la voie ferrée, avait été dérobé à la porte d'une auberge par des voleurs qui l'avaient ensuite abandonné, ne constitue pas une circonstance de nature à écarter la responsabilité du propriétaire (2).

L'application de l'arrêt du 16 décembre 1759 est indépendante des dégâts dont peut avoir souffert la voie ferrée ; elle s'impose alors même qu'il n'y a pas eu dommage. En cas de dégradation, nous avons vu que l'on appliquerait les anciens règlements, que nous avons énumérés et particulièrement la loi du 29 floréal an X.

Le Conseil d'État a annulé un arrêté de Conseil de préfecture, qui, pour ne pas donner suite au procès-verbal, s'était fondé sur l'absence de dégradations.

Mais, dès que le Conseil d'Etat a constaté une faute de la part de la Compagnie, il a disculpé entièrement les propriétaires qui avaient laissé des animaux franchir les limites de la voie, et les a autorisés à s'en prévaloir comme d'excuse péremptoire.

C'est ainsi, qu'il s'est refusé à voir une contravention de grande voirie, dans le fait d'introduction, dès lors que la clôture n'était pas conforme au type adopté (3),

---

(1) Conseil d'Etat, 3 décembre 1886.
(2) Conseil d'Etat, 23 mars 1888.
(3) Conseil de préfecture de la Meuse, 23 janvier 1877 ; — Manche, 29 mars 1885.

qu'elle présentait des solutions de continuité ou des brèches (1), ou qu'elle était mal entretenue (2).

Il a relaxé aussi les inculpés, alors qu'une négligence était relevée à la charge de la Compagnie dans la manœuvre des barrières ou des portes par lesquelles les animaux s'étaient introduits sur la voie.

« Considérant qu'aux termes de l'article 2 de l'arrêté du préfet de l'Isère, du 7 août 1868, les barrières des passages à niveau de la première catégorie seront habituellement fermées pendant la nuit ; considérant qu'il est reconnu qu'au moment où les bœufs se sont introduits dans l'enceinte de la voie ferrée par le passage à niveau, qui appartient à la première catégorie, il faisait nuit et que les barrières étaient ouvertes ; que, dans ces circonstances, c'est avec raison que le Conseil de préfecture de l'Isère a renvoyé le propriétaire des fins du procès-verbal (3). »

Peut-on appliquer l'arrêt de 1759 pour réprimer l'introduction des animaux sur les chemins de fer légalement dépourvus de clôtures ?

Cela ne saurait faire aucun doute pour les lignes dont les talus ou les francs-bords seraient revêtus de plantations ; le Conseil d'Etat en a jugé ainsi, en annulant

(1) Conseil de préfecture de la Seine, 20 février 1876 ; Conseil d'Etat, 7 avril 1876, 13 février 1880.

(2) Conseil d'Etat, 2 mai 1863, 24 décembre 1863, 14 août 1867, 15 janvier 1868, 18 août 1869, 30 avril 1875, 14 mai 1875, 2 juillet 1875, 7 avril 1876, 17 novembre 1876, 22 juin 1892.

(3) Conseil d'Etat, 28 novembre 1879, 5 août 1881, 7 août 1883, 6 juillet 1888.

un arrêté du Conseil de préfecture de Constantine, qui avait renvoyé des fins d'un procès-verbal les propriétaires d'un troupeau qui s'était répandu sur la ligne de Philippeville à Constantine, en un point où les talus de cette ligne étaient plantés et où elle était dépourvue de clôture (1). Le Conseil, qui n'avait pas dans cette espèce préjugé la solution pour le cas où il n'y aurait pas de plantation, s'est prononcé depuis et a décidé que, dans le cas où il n'y aurait ni plantation ni clôture, l'arrêt de 1759 était inapplicable.

« Considérant qu'il résulte de l'instruction, qu'au point où les animaux se sont introduits, le chemin de fer n'était ni clos (par suite d'une dispense légale) ni planté d'arbres, que d'autre part aucun dommage n'a été constaté ; que dans ces circonstances le fait relevé par le procès-verbal ne constitue pas une contravention aux dispositions de l'arrêt du Conseil de 1759 et de l'article 2 de la loi du 15 juillet 1845. »

D'après cette jurisprudence, lorsque la voie ne sera ni close, ni plantée d'arbres, l'introduction des animaux sur la voie ne sera passible d'aucune répression, ce qui est très regrettable.

Appelé à donner son avis sur le projet de loi du 27 décembre 1880, qui autorise les dispenses de clôture dans certains cas déterminés pour les chemins de fer d'intérêt général, le Conseil avait proposé d'y introduire un article additionnel, aux termes duquel

(1) Conseil d'Etat, 14 mai 1875.

« il était défendu de laisser les bestiaux s'introduire sur les chemins de fer d'intérêt général ou local, qui auraient été dispensés de clôtures et de barrières, par application de cette loi ou de l'article 4 de la loi du 12 juillet 1865 sous peine d'une amende de 16 à 100 fr. »

Cette disposition eût donné une sanction légale incontestable à l'interdiction de laisser les animaux se répandre sur la voie ferrée. Le Gouvernement ne crut pas devoir accueillir l'article proposé par le Conseil d'État, et réserva la question pour en faire l'objet d'une étude qui n'a pas abouti (1).

De tout ce qui vient d'être dit, il résulte, que l'application de l'arrêt de 1759, à la matière des chemins de fer, a été inspirée par cette idée, qu'il fallait protéger la voie ferrée contre l'envahissement des animaux livrés à eux-mêmes. Aucun texte ne permettant cette protection par voie directe, on y est parvenu indirectement, par l'arrêt de 1759.

Quoique partie d'un bon naturel, la jurisprudence du Conseil d'État est fort contestable au point de vue juridique. L'arrêt de 1759 avait eu pour but de réprimer le pacage des plantations sur les bords des grands chemins et non le fait de la présence des animaux sur les routes. Le Conseil d'État au contraire s'en est servi pour la répression de la divagation des animaux sur la voie ferrée, comme en témoignent particulièrement ses déci-

(1) Rapport de M. Varroy, loi de 1880, *Journal officiel*, 6 mai 1880, n° 2544.

sions sur l'introduction des animaux par les passages à
niveau (1) dont les barrières étaient régulièrement ouvertes. Il y a donc application d'un arrêt à un fait absolument différent de celui pour lequel il avait été établi,
ce qui est très regrettable au point de vue pénal.

Cette jurisprudence d'autre part est fort incomplète,
car, malgré l'extension exagérée, que le Conseil d'État a
donnée à l'arrêt de 1759, il n'a pas cru pouvoir en faire
l'application au cas où il n'existait, au point où les animaux se sont introduits sur la voie, ni plantations, ni
haies vives ; aussi tout en estimant avec M. Aucoc (2)
que cette jurisprudence est préférable à celle qui assu-
rerait l'impunité de faits, dont la répression intéresse

(1) M. le commissaire du Gouvernement Marguerie, dans un rapport
du 3 février 1862, a combattu la jurisprudence du Conseil d'Etat.
« En effet, dit-il, quel est le fait réprimé par l'arrêt de 1759 ? Ce
n'est pas évidemment de laisser circuler des animaux sur la voie
elle-même, mais de les laisser se répandre sur les bords de la voie
et de leur permettre de se livrer au pacage. A s'en tenir aux termes
mêmes de l'arrêt, la contravention ne commencerait qu'au moment
où l'animal quittant la voie ferrée elle-même gagnerait les bords du
talus de la voie ; mais, nous dira-t-on, supposez que le conducteur
de l'animal échappé se soit mis à sa poursuite et que l'animal arrêté
dans sa course ait franchi les clôtures du chemin de fer, il y a alors
contravention à l'arrêt de 1759 ; au contraire, l'animal abandonné à
lui-même ne quitte pas la voie ferrée, il la parcourt pendant plusieurs kilomètres et est rencontré par un train, il est la cause d'un
second accident. Dans cette seconde hypothèse, la contravention
n'aurait pas été commise. La solution est singulière, elle provient de
cette circonstance, qu'il s'agit d'appliquer à un chemin de fer, c'est-à-
dire à des voies sur lesquelles la circulation du public est interdite,
un texte édicté en vue de voies faites au contraire pour la circulation générale. »
(2) Aucoc, *Conférences de Droit administratif*, t. 3, p. 815.

au plus haut point la sécurité publique, il est permis d'espérer que la commission, qui a été chargée de rédiger un nouveau projet de loi sur ce point, fasse disparaître toute hésitation, en remaniant le texte de l'article 61 de l'ordonnance de 1846, comme l'a fait le décret beylical du 26 décembre 1897, pour les chemins de fer tunisiens. L'article 82 de ce décret porte :

« Il est défendu à toutes personnes étrangères au chemin de fer d'y introduire ou de laisser s'y introduire des chevaux ou animaux d'aucune espèce. »

Si l'introduction des animaux est volontaire comme nous l'avons vu au commencement de ce chapitre, elle ne constitue pas une contravention de grande voirie, mais un délit prévu par l'article 61 de l'ordonnance du 15 novembre 1856 et par l'article 21 de la loi du 15 juillet 1845, justiciable des tribunaux correctionnels. Dans la répression de cette infraction, la jurisprudence ne tient aucun compte de l'état des clôtures.

Quand la divagation des animaux sur la voie a provoqué un déraillement, ayant entraîné la mort ou des blessures chez les voyageurs ou les agents du chemin de fer, les propriétaires peuvent être condamnés à l'amende ou même à la prison, en vertu de l'article 19 de la loi du 15 juillet 1845 :

« Celui qui, par maladresse, imprudence, inattention, négligence ou inobservation des lois ou règlements, aura involontairement causé sur un chemin de fer, ou dans les gares et stations, un accident qui aura occasionné des blessures, sera puni de huit jours à six mois d'emprisonnement et d'une amende de 50 à 1.000 francs ; si l'accident a occasionné la mort d'une ou plusieurs personnes, l'emprisonnement sera de six mois à cinq ans et l'amende de 300 à 3.000 francs. »

Ainsi que le fait remarquer très justement M. Alfred Picard dans son *Traité des chemins de fer*, les pénalités prononcées par la loi de 1845 sont plus rigoureuses que celles des articles 319 et 320 du Code pénal, réprimant les homicides par imprudence commis partout ailleurs que dans l'enceinte des chemins de fer. La raison de cette rigueur exceptionnelle est manifeste. Il convenait de réprimer plus sévèrement des imprudences susceptibles de causer des accidents d'une étendue considérable.

Toutefois le législateur eût agi sagement, du moins au point de vue des principes, s'il avait établi quelque différence entre les agents des chemins de fer coupables d'homicide par imprudence et les personnes étrangères à l'exploitation des voies. Aux premiers on peut reprocher un manquement grave à leurs devoirs professionnels, tandis que cette circonstance aggravante ne se rencontre plus dans l'imprudence commise par les seconds. Mais la distinction n'a qu'une importance théorique, puisque les tribunaux peuvent, par le moyen de l'article 463 du Code pénal, ne prononcer qu'une des deux peines et abaisser l'amende au-dessous de 16 fr.

L'indulgence, à l'égard des personnes étrangères au
chemin de fer, est aujourd'hui d'autant plus nécessaire, que beaucoup de voies sont dépourvues de clôtures et, partant, le public plus exposé à commettre
des imprudences.

CONCLUSION

Pendant longtemps la clôture parut indispensable à la sécurité publique, mais, au fur et à mesure du développement du réseau, la nécessité de réaliser des économies dans l'exploitation des voies ferrées conduisit à penser que la clôture pouvait être supprimée sur un grand nombre de voies.

Des lois successives autorisèrent le ministre des travaux publics pour les chemins de fer d'intérêt général et le préfet pour les chemins d'intérêt local à dispenser les Compagnies d'établir ou de maintenir des clôtures fixes le long des voies ferrées et des barrières mobiles, toutes les fois que cette mesure leur paraîtrait compatible avec la sûreté de l'exploitation et la sécurité du public.

Ces dispositions concilient d'une manière satisfaisante les intérêts d'une exploitation économique avec la sécurité du public. Il est un fait certain, c'est que beaucoup de dangers, que l'on redoutait lors de la loi de 1845, ont disparu pour la génération actuelle, habituée qu'elle est à prendre les précautions que suggère tout naturellement à l'esprit l'instinct de la conservation en présence d'un péril connu, mais nous pensons néanmoins que l'Administration ne devra accorder ces dispenses, qu'avec la plus extrême prudence.

En effet les passages à niveau ouverts au public sans barrières, ni gardiens présentent les plus graves dangers pour le public, les accidents y sont malheureusement trop fréquents. Les étrangers sont amenés à s'engager sur la voie sans connaître l'horaire des trains, et sont surpris par des convois lancés à toute vitesse. Les riverains se fient à la connaissance qu'ils croient avoir des mouvements des trains, pénètrent témérairement sur la voie, et sont exposés à être tamponnés par des trains en retard, qu'ils croyaient passés depuis longtemps ou par des trains supplémentaires dont ils ignoraient l'existence.

Les clôtures fixes devront toujours être exigées dans les pays d'herbages, car elles mettent les riverains à l'abri de leur propre imprudence et leur permettent de conserver leurs animaux en liberté. Une surveillance de jour et de nuit serait une charge trop lourde pour les propriétaires, elle doit leur être épargnée, sous peine de rendre l'élevage impossible sur les propriétés limitrophes des voies ferrées et d'en déprécier la valeur.

La jurisprudence n'a pas, malheureusement pour les propriétaires, considéré les clôtures comme établies dans leur intérêt. Elle a soutenu, qu'elles étaient purement limitatives et nullement défensives et dans les espèces où elle leur a reconnu un caractère défensif, elle a soutenu que c'était exclusivement dans l'intérêt de l'exploitation, sans que les propriétaires pussent s'en prévaloir, quelle que fût leur insuffisance ou leur mauvais entretien.

Nousavons combattu cette jurisprudence qui est contraire aux textes. Notre manière de voir trouve aussi un appui dans des arrêts du Conseil d'État sur les faits d'introduction involontaire d'animaux sur la voie. Il a décidé que ces faits qui constituent des contraventions de grande voirie réprimées par un arrêt de 1759 ne seraient pas punissables, lorsque les Compagnies n'auraient pas établi et entretenu régulièrement les clôtures, il a considéré que dans ces hypothèses la faute de la Compagnie absorbait celle du riverain.

Pourquoi la jurisprudence, qui permet dans un cas de relever la faute de la Compagnie, ne l'autoriserait-t-elle pas dans l'autre?

Nous n'osons espérer de sitôt un revirement dans la jurisprudence, les derniers arrêts sont trop formels. Nous ne pouvons que souhaiter, qu'il soit créé un nouveau courant dans le sens, que nous suivons et que nous avons défendu.

La jurisprudence du Conseil d'État sur la répression des faits d'introduction d'animaux sur la voie, en dehors de la volonté de leurs maîtres, est aussi fort contestable au point de vue juridique.

L'article 61 de l'ordonnance de 1846 ne visant que les faits d'introduction volontaire, pour réprimer la divagation sur la voie d'animaux livrés à eux-mêmes, le

Conseil d'État s'est servi d'un ancien règlement de voirie, l'arrêt du Conseil de 1759, qui avait pour but de défendre le pacage des plantations sur le bord des grandes routes, et non la circulation sur les routes.

Il y a donc application d'un texte à une hypothèse différente de celle pour laquelle il avait été établi, ce qui est très regrettable au point de vue pénal.

Cette jurisprudence est d'autre part fort incomplète, car elle ne peut atteindre ces faits, lorsqu'il n'existe pas de clôture.

Aussi nous est-il permis d'exprimer le vœu que la commission qui a été chargée de rédiger un nouveau projet de loi sur ce point, fasse disparaître toute hésitation en remaniant le texte de l'article 61 de l'ordonnance de 1846, comme l'a déjà fait le décret beylical du 16 décembre 1897, pour les chemins de fer tunisiens.

APPENDICE

LÉGISLATION ÉTRANGÈRE.

La question des clôtures a été prévue dans la plupart des législations étrangères, nous mentionnerons les prescriptions intéressantes, en suivant l'ordre alphabétique de chaque pays.

Allemagne.

Règlement du 3 novembre 1885 sur la police des chemins de fer en Allemagne (1).

§ 4. — *Clôtures*.

1. — Il doit être posé des clôtures, là où la surveillance ordinaire de la voie est insuffisante pour empêcher les hommes ou les bêtes de circuler sur la voie.

2. — Lorsque des chemins courent parallèlement au chemin de fer, au même niveau, ou au-dessus de la voie, il faut établir une barrière de protection. Des

---

(1) Traduction de M. Ch. Baum, ingénieur en chef des ponts et chaussées. *Bulletin du ministère des travaux publics*, 1886, tome XIII.

fossés avec bourrelet pourront être considérés comme barrières de protection, si les autorités locales y consentent.

3. — Les passages devront être garnis de fortes barrières facilement visibles et placées à distance convenable de l'axe de la voie la plus rapprochée. Il pourra être établi pour l'usage des piétons des tourniquets à côté des barrières. Lorsqu'il s'agit de passages à niveau isolés et servant seulement aux piétons, les autorités de contrôle locales pourront, au lieu d'y placer des barrières, autoriser l'emploi de tourniquets à bascule automatique.

4. — L'écartement qui devra exister entre les barrières ouvertes et les voies sera déterminé d'après les prescriptions du § 2.

5. — Les barrières manœuvrées à distance, doivent aussi pouvoir être ouvertes et fermées à la main. Tout passage à niveau avec une barrière manœuvrée à distance devra être muni d'une cloche, qui devra être sonnée avant qu'on ne fasse basculer la barrière. L'emploi des barrières manœuvrées, par une transmission mécanique de plus de 50 mètres de longueur, devra être restreint au passage à niveau des routes peu fréquentées et visibles pour les garde-barrières.

6. — Des tableaux indicateurs seront placés sur les chemins des deux côtés des passages à niveau à une distance convenable des barrières. Ces tableaux indiqueront la limite de stationnement des voitures, cavaliers, troupeaux, lorsque les barrières seront fermées.

§ 6. — *Surveillance de la voie*.

4. — Les barrières des passages à niveau seront fermées au plus tard trois minutes avant l'arrivée d'un train. Ce délai ne peut être raccourci qu'avec l'approbation du service du contrôle et l'assentiment des autorités de la police locale.

5. — Les barrières des chemins privés qui ne sont pas spécialement surveillées sont à cadenasser.

6. — Les barrières de passages à niveau sur les chemins de faible circulation peuvent être maintenues fermées avec l'approbation des autorités locales de police et sont à ouvrir à la demande des passants. A cet effet, chacune de ces barrières, y compris celles manœuvrées à distance, est munie d'une sonnette à transmission à l'aide de laquelle les passants demandent l'ouverture des barrières.

7. — Les passages à niveau dans les stations sont à surveiller.

8. — Le service des barrières, lorsqu'il est séparé du service de surveillance des voies, peut être confié à des femmes.

9. — Pendant la nuit, aussi longtemps que les barrières seront fermées, les passages à niveau de chaussées, chemins communaux et vicinaux doivent être éclairés. Il en est de même de toutes les barrières manœuvrées à distance, en tant qu'elles ne sont pas maintenues fermées avec l'approbation des autorités locales de police.

§ 54. — *Accès sur la voie et ses dépendances.*

2. — Le public ne pourra franchir la voie qu'aux endroits où il y a des passages à niveau pour voitures ou pour piétons et aussi longtemps seulement que ces passages ne seront pas fermés par des barrières. Les passages à tourniquet ou ceux fermés par des barrières à bascule automobile, ne pourront être franchis que tant qu'il n'y aura pas de train en vue.

5. — Il est défendu d'ouvrir soi-même les barrières ou autres clôtures, de passer par dessus elles, de poser ou de suspendre quelque chose sur elles.

§ 57. — *Circulation des animaux sur la voie.*

1. — Est responsable de la circulation du bétail sur la voie et ses dépendances celui qui est chargé de la surveillance du bétail.

2. — L'accès des passages à niveau est interdit aux grands troupeaux dix minutes avant l'heure réglementaire du passage des trains.

§ 59. — *Passages à niveau fermés.*

Tant qu'un passage à niveau sera fermé, les voitures, cavaliers, gardiens de troupeaux et conducteurs de bêtes de somme s'arrêteront aux tableaux indicatifs. Il en sera de même dès qu'on entendra la sonnette aux passages à niveau fermés par des barrières manœuvrées à distance. Les piétons pourront s'approcher des barrières mais ne devront pas les ouvrir.

Angleterre.

Act de 1865, articles 68 et suivants.

La Compagnie de chemins de fer doit établir des poteaux, barrières, haies et autres clôtures nécessaires pour séparer les terrains pris par les chemins de fer, de ceux qui ne l'ont pas été, interdire l'entrée de ces terrains, empêcher le bétail des propriétaires d'y pénétrer.

Les poteaux, barrières et autres clôtures doivent être placés aussitôt que la Compagnie prend possession des terrains si les propriétaires l'exigent.

Autriche.

Pour conserver intacte la communication entre les routes et les chemins déjà existants, aux endroits traversés par le chemin de fer, ce dernier devra passer au-dessus ou au-dessous des routes les plus fréquentées. Quant aux routes moins fréquentées, il pourra les traverser à niveau. Dans ce dernier cas, des gardiens de la voie seront établis par la Compagnie sur le point de passage et des barrières mobiles seront disposées au moyen desquelles la route sera fermée des deux côtés à l'approche d'un convoi.

La Compagnie est tenue à prendre toutes les mesures de précaution, soit en établissant des cantonniers, soit en environnant le terrain des chemins de fer d'une clôture convenable, afin d'en interdire l'accès aux hommes et aux animaux à l'approche d'une locomotive, ce qui est essentiel pour éviter les accidents graves. L'autorité directoriale du cercle est spécialement chargée de veiller à l'exécution de ces différentes mesures et la Compagnie est tenue d'entourer de haies vives, la voie et les fossés latéraux surtout dans les pays de pâturage (1).

Canada.

Acte modifiant « l'acte refondu des chemins de fer de 1879 », sanctionné le 25 mai 1883.

ART. 49. — Des clôtures seront posées de chaque côté de la ligne dans un certain délai. Les Compagnies sont responsables des dommages qui pourraient se produire par défaut ou insuffisance des clôtures (2).

Espagne.

Loi espagnole sur la police des chemins de fer du 14 novembre 1855.

ART. 8. — Les chemins de fer doivent être entourés par des clôtures des deux côtés, dans toute leur étendue. Le gouvernement, après avoir entendu le concessionnaire, déterminera pour chaque ligne le mode de clôture et le délai dans lequel elle devra être établie. Là où les chemins croisent d'autres chemins à niveau, on placera des barrières qui seront fermées et ne seront

---

(1) *Législation des chemins de fer en Allemagne*, par de Reden, p. 91 et 92, traduction française de M. Tourneux.

(2) *Bulletin du ministère des travaux publics*, année 1886, t. XIII, p. 266.

ouvertes que pour le passage des équipages et des troupeaux.

États-Unis.

Louisiane.

Une loi du 7 juillet 1886 dispose que, lorsqu'un
train de chemin de fer a tué ou blessé des bestiaux, il
suffit au propriétaire pour établir son droit à une
indemnité de prouver le fait de la mort ou des blessures,
c'est à la Compagnie qu'il incombe pour dégager sa
responsabilité d'établir que le dommage n'a pas été le
résultat d'une faute ou d'une négligence de ses agents.

Une autre loi du 8 juillet 1886 institue en pareille
matière une procédure spéciale pour faire constater le
fait et arbitrer le chiffre de l'indemnité, mais cette procédure n'est pas obligatoire, les propriétaires d'animaux
tués ou blessés peuvent toujours se pourvoir devant les
tribunaux en suivant les règles de procédure ordinaires. Cette loi décide en outre que les compagnies
échappent à toute responsabilité, lorsqu'elles ont convenablement enclos leurs lignes et placé des gardes aux
passages (1).

Massachusetts.

Dans l'État de Massachusetts un acte de la session de
1895, charge le bureau des commissaires de chemins
de fer d'examiner les plaintes auxquelles pourraient

(1) *Annuaire de législation française et étrangère*, année 1886,
p. 788.

donner lieu les troubles ou dangers résultant de l'occu-
pation irrégulière d'un passage à niveau sur rue, route,
ou chemin public par les machines, wagons et trains. Si
la plainte est fondée, le bureau pourra fixer une date à
partir de laquelle la Compagnie ne devra plus se servir
du croisement pour ses manœuvres, et prescrire toute
modification de nature à l'empêcher à l'avenir. Il pourra
également prendre les règlements nécessaires pour
limiter l'usage de ces croisements s'ils sont indispensables. La Cour suprême de justice pourra contraindre
les Compagnies à se conformer à ces dispositions.

La loi du 29 mars 1890 a prescrit certaines mesures
pour garantir la sécurité du public dans la traversée
des passages à niveau.

Missouri.

Une loi de l'État de Missouri exige que les voies ferrées soient garnies de clôtures et dispose en outre que
toute Compagnie, qui ne se sera point conformée à cette
prescription sera, en cas d'accidents de chevaux ou de
bestiaux sur la voie, condamnée à une indemnité double
du dommage causé.

La Compagnie du Missouri-Pacific critiquait le principe ainsi posé d'une réparation civile supérieure au
montant du préjudice. La Cour suprême des États-Unis
a repoussé cette critique : en vertu du pouvoir de police
générale qui appartient aux États, la loi impose aux
Compagnies, une obligation dont l'exécution intéresse

le public au plus haut point, l'inobservation de cette règle peut être considérée comme une négligence coupable, justifiant l'application d'une peine ; le législateur de l'État avait qualité pour fixer cette pénalité et s'il a cru devoir attribuer l'indemnité pénale à la victime du préjudice au lieu de la réserver à l'État, la Compagnie est sans intérêt pour critiquer cette attribution (arrêt du 23 novembre 1885) (1).

New-York.

Loi du 31 mai 1884.

Section III. — Lorsqu'un chemin de fer traverse à niveau une rue, une grande route ou tout autre chemin servant de communication, la Cour suprême (County court) peut, sur la demande des autorités locales et après avoir averti 10 jours à l'avance les Compagnies propriétaires de la ligne, ordonner, qu'un gardien soit établi à l'endroit traversé ou, qu'une barrière soit installée au travers du chemin avec un garde chargé de la fermer lors du passage des trains. Cet ordre ne sera délivré que sur le refus ou en cas de défaut de la Compagnie de placer un gardien ou d'établir les barrières, après y avoir été invitée par les autorités locales (2).

Virginie.

Une loi votée par l'État de Virginie dans la session de

(1) *Annuaire de législation étrangère*, année 1886, p. 752.
(2) *Bulletin du ministère des travaux publics*, 1886, t. XIII, p. 263.

1884 prescrit l'établissement de haies ou clôtures des deux côtés de la voie, lorsque celle-ci traverse des dépendances de ferme, ainsi que l'entretien de ces clôtures. Les Compagnies sont responsables des accidents arrivés aux bestiaux, si le fait provient du manque de clôture 1).

Pays-Bas.

Loi du 9 avril 1875 sur le service et l'exploitation des chemins de fer.

§ 1. — *De la conservation des chemins de fer.*

ART. 33. — Tout chemin de fer sera clos des deux côtés. Le roi déterminera le mode de cette clôture, les frais seront à la charge des entrepreneurs du service du chemin.

ART. 34. — Ceux dont les terrains sont séparés par le chemin de fer d'une route et d'une voie d'eau publique auront droit à une issue à travers le chemin de fer. Pareille issue pourra être également accordée dans d'autres cas sous l'approbation du ministre de l'intérieur pourvu que la sûreté de la circulation le permette.

ART. 35. — La clôture des barrières le long du chemin de fer se fera par les entrepreneurs du service.

Là où les barrières servent de clôtures aux issues, elles seront fermées par ceux qui étaient en possession des terrains riverains du chemin de fer, soit comme

(1) *Bulletin du ministère des travaux publics*, 1886, t. XIII, p. 266.

propriétaire, bailleur ou fermier, soit à tout autre titre, jouissant du droit d'issue.

§ 2. — *De la circulation des chemins de fer.*

ART. 44. — Il est défendu sans autorisation d'introduire dans l'enceinte du chemin de fer des chevaux, bestiaux ou autres animaux (1).

Suisse.

Loi du 23 décembre 1872.

ART. 16. — Pendant la construction, la Compagnie doit prendre toutes les mesures pour ne pas entraver la circulation et pour prévenir toute détérioration des propriétés riveraines. Partout où la sécurité l'exige, la Compagnie doit établir à ses frais les clôtures suffisantes pour écarter tout danger et d'une manière générale prendre toutes les mesures nécessaires à la sécurité publique.

(1) *Annuaire de législation étrangère*, 1875, p. 657.

Vu :
Le Président de la thèse
ANDRÉ WEISS

Vu :
Le Doyen :
GLASSON.

Vu et permis d'imprimer :
Le Vice-Recteur de l'Académie de Paris,
GRÉARD.

TABLE DES MATIÈRES

Distinction faite par la jurisprudence entre le but des clôtures et celui des barrières, les barrières sont destinées à protéger tout à la fois la circulation sur la voie ferrée et sur la voie de terre. Elles sont établies aussi bien dans l'intérêt des propriétaires riverains que dans celui de la Compagnie. Aussi alors que la jurisprudence repousse toutes actions de dommages-intérêts pour les accidents provoqués par le défaut ou le mauvais entretien des clôtures, elle les accueille pour les accidents survenus aux passages à niveau, en cas de négligence de la part des Compagnies et d'inobservation des prescriptions réglementaires. — Portillons.

Les dégradations faites aux clôtures constituent des contraventions réprimées par l'article 2 de la loi de 1845, qui renvoie aux lois et anciens règlements qui ont pour objet d'assurer la conservation des routes. Doit-on appliquer de plein droit aux chemins de fer les lois et règlements de grande voirie postérieurs à la loi de 1845 ? Peut-on faire l'application de l'article 11 de la loi de 1845 à ces contraventions ?
Lorsque la dégradation est faite avec intention malveillante, le fait incriminé constitue à la fois une contravention de grande voirie et un délit.
Escalade des clôtures.

Défense d'introduire les animaux sur la voie, application de l'article 64 de l'ordonnance de 1846. Répression de l'introduction des animaux en dehors de la volonté du maître, par l'arrêt du Conseil du 16 décembre 1759. Jurisprudence du Conseil d'Etat : cas où les clôtures ne sont pas en état ou ne sont pas conformes aux prescriptions administratives, cas où la Compagnie

est dispensée de clôtures. Critique de cette jurisprudence et du texte de l'article 61 de l'ordonnance de
1846. Application de l'article 19 de la loi de 1845.